하루 6시간 일하고,
2억 버는 밀크티 카페

**하루 6시간 일하고,
2억 버는 밀크티 카페**

2025년 7월 4일 초판 1쇄 발행

글	김득상
사진	황도연

펴낸이	원미경
펴낸곳	도서출판 산책
기획	구윤민
편집	김미나 박윤희

등록	1993년 5월 1일 춘천80호
주소	강원특별자치도 춘천시 우두강둑길 185
전화	033.254.8912
이메일	book8912@naver.com

ISBN 978-89-7864-173-9   정가 15,000원

* 이 책에 기술된 가격 관련 정보는 2025년 기준입니다.

하루 6시간 일하고,
2억 버는 밀크티 카페

Prologue
카페는 끝났다

　누구나 한번은 카페를 꿈꾼다. 향기로운 커피, 감미로운 음악, 감각적인 인테리어, 그리고 손님들과의 흥미로운 대화. 한때 카페에도 낭만의 시대가 있었다. 스페셜티 커피라는 개념도, 저가 커피 시장의 치열한 경쟁도 없었고, 외곽에 대형 카페가 들어서는 일도 드물던 시절. 그때의 '카페 사장'은 낭만의 아이콘이자, 누구나 한 번쯤은 꿈꿔보는 직업이었다. 그러나 이제 그 낭만의 시대는 지나갔다. 바리스타 자격증은 학원 몇 번 다니면 손쉽게 딸 수 있고, 어느 순간 비슷비슷한 카페들 사이에서 '그저 그런 사장'이 되어 있는 자신을 발견하게 된다.

통계청에 따르면, 2022년 기준 국내 커피전문점 종사자는 27만 1,794명, 매출은 15조 5,000억 원에 달했다. 5년간 연평균 성장률은 8.37%에 이르며, 같은 해 커피전문점 수는 10만 729개로 사상 처음으로 10만 개를 넘어섰다. 반면 2024년 한 해 동안 폐업한 카페는 1만 2천여 곳에 달했다. 하루 평균 34곳이 문을 닫은 셈이다. 이들의 평균 영업 기간은 2.9년이다. 쉽게 시작할 수 있다는 이유로 많은 이들이 카페 창업에 나섰지만, 경쟁력을 잃고 하나둘 자취를 감추고 있다.

폐업하는 카페가 늘어나는 데에는 여러 가지 이유가 있다. 우선, 인구수에 비해 카페 수가 지나치게 많다. 여기에 원두를 비롯한 각종 부자재 가격과 인건비가 오르고, 7,900개가 넘는 저가 커피 브랜드 매장 간의 치열한 경쟁, 자본력을 앞세운 대형 카페들의 출현까지 더해지면서, 독창성과 경쟁력을 갖추지 못한 카페들은 점점 설 자리를 잃어가고 있다. 이것이 비단 '개인 카페'의 이야기일까? 프랜차이즈 카페는 사정이 좀 더 나을까?

프랜차이즈 카페는 다른 업종에 비해 창업이 비교적 쉬운 편이다. 특별한 기술이 없어도, 누구나 마음만 먹으면 가게를 열 수 있다는 점에서 진입 장벽이 낮다. 그러나 적은 자본과 큰 노력 없이 손쉽게 창업할 수 있다는 장점 뒤에는, 생각보다 많은 위험과 한계가 숨어 있다. 프랜차이즈 카페의 가맹점주는 메뉴를 독자적으로 개발하거나 추가할 수 없고, 잘 팔리지 않는 메뉴가 본사 방침으로 강제될 경우에도 이를 거부하기 어렵다. 심지어 본사로부터 공급받는 재료들조차 인터넷에서 쉽게 구할 수 있는 흔한 것들임에도, 높은 가격으로 납품되어 본사의 수익으로 이어진다.

게다가 가격에 대한 자율권이 없어 시장 변화에 능동적으로 대응하기 어렵다. 예를 들어, 아메리카노를 1,500원에 판매하고 있는데, 바로 옆에 생긴 다른 카페가 같은 메뉴를 1,000원에 판다면, 맛의 차이가 크지 않은 이상 손님을 그대로 뺏길 수밖에 없다. 이 외에도 로열티 제도에 주의해야 한다. 로열티는 대부분 가맹 조건 중 하나로, 가맹점이 본사의 브랜드와 시스템을 사용하는 대가로 정기적으로 지급하는 수수료를 말한다.

프랜차이즈는 대규모 자본이 아닌, 소규모 자본으로도 운영이 가능하다는 점에서 오늘날 각광받는 첨단 마케팅 모델 중 하나다. 하지만 '편리함'이라는 달콤한 포장을 앞세운 채,

자본주의의 날카로운 이면은 감춘 채로, 준비되지 않은 초보 자영업자들의 주머니를 노리고 있기도 하다. 준비 없이, 혹은 절박한 마음에 프랜차이즈 카페 창업에 뛰어들어 성공을 얻을 수도 있지만, 그만큼 예상치 못한 실패도 각오해야 한다.

　가장 좋은 선택은 스스로 메뉴를 개발하고, 매장을 감각 있게 꾸미며, 경쟁 카페들에 뒤처지지 않을 역량을 갖췄다고 확신이 들 때 창업을 하는 것이다. 개인 카페는 스페셜티 커피와 시그니처 메뉴로 차별화를 꾀하고, 저가 커피 매장은 가격과 양으로 승부한다. 외곽의 대형 카페들은 규모와 다양한 메뉴로 경쟁한다. 게다가 집에서도 좋은 장비와 질 높은 원두로 커피를 즐기는 사람이 점점 늘어나고 있다. 이제는 홈카페까지 카페 사장들의 경쟁상대가 된 것이다. 자신이 없다면 시작하지 않는 것이 오히려 현명한 판단일 수 있다.

　카페를 직업으로 삼고 살아가야 하는 사람들에게는 더이상 질 좋은 커피나 '힙'한 인테리어만으로는 경쟁력이 부족하다. 나 역시 이러한 변화와 경쟁 속에서 생존을 위해 새로운 브랜드를 기획하게 되었고, 그것이 '플러스마이너스 밀크티'의 시작이 되었다.

이 책은 '어떻게 하면 카페 사장이 될 수 있을까?', '어떻게 운영하고, 어떻게 돈을 벌 수 있을까?'에 대한 메뉴얼이 아니다. 고민과 연구 끝에 공간을 완성해 나가는 과정을 담았을 뿐이다. 이 책을 통해, 카페를 꿈꾸는 이들에게는 시행착오를 줄일 수 있는 계기가 되기를 바란다.

THANKS TO
MilkTea Idea   임정아   Open Member   송희현   김다영

Contents

5
Prologue 카페는 끝났다

13
그래도 카페를 해야겠다면

35
브랜드는 스토리가 필요하다

69
6시간 일하고 2억 버는 밀크티 카페

101
Epilogue 그리고 치앙마이

113
Interview 성다솜 윤상호 송철호 서신초

그래도

카페를

해야겠다면

플러스마이너스 커피의 시작

17년 전, 내가 카페를 오픈하게 될 것이라고는 전혀 생각하지 못했다. 공연기획자로서 공연과 문화 관련 일을 해오며 대부분의 시간을 홍대와 대학로에서 보냈고, 카페는 그저 사람을 만나고 일을 하는 공간일 뿐이었다. 그러던 중 휴가차 필리핀의 두마게테라는 작은 섬에서 지내게 되었는데, 우연한 기회로 바닷가의 작은 공간에 '노리터 NORITER'라는 카페를 만들게 되었다. 작은 섬의 모든 게 어설펐던 카페가 현지 대학생들의 아지트가 되었고, 입소문을 타면서 필리핀 전역에 알려지기 시작했다. 덕분에 세부, 마닐라에도 오픈하게 되었다.

사실 노리터가 사랑받는 카페가 된 특별한 이유가 있었다. 바로 '다락'이었다. 카페 2층에 다락을 만들어 놓았는데, 입식 테이블만 보던 현지인들에게 그 공간이 무척이나 신기했던 것 같다. 손님들은 하나같이 그 좁고 불편한 다락에 올라가 수다도 떨고, 엎드려 책도 보고, 낮잠도 자면서 다락을 즐겼다. 그 모습을 지켜본 뒤, 가게 문을 닫고 입식 테이블 몇 개를 줄여 다락을 더 만들었다. 그러자 놀랍게도 전부 다락에만 앉는 것이었다. 결국 카페 전체를 다락으로 바꾸게 되었고, 자연스럽게 '다락 카페'로 입소문이 퍼지기 시작했다. 다락 카페는 한국에서도 먹혔다. 3년 후 한국에 돌아와 청주 대학가에 조그맣게 만든 노리터는 예상치 못한 유명세를 타기 시작했고, 서울, 부산, 대전, 전주, 경기도, 거제도 등 전국 대학가를 중심으로 단 2년 만에 40개가 넘는 지점으로 확장되었다. 직장인이나 어른들처럼 테이블에 앉아 커피만 마시던 것과는 달리, 노리터를 찾는 젊은이들은 엎드려 책을 읽고, 누워서 수다를 떨고, 허니브레드를 나눠 먹는, 새로운 카페 문화를 만들었다. 나중에는 미국 라스베가스에도 같은 컨셉으로 오픈했는데, 그곳에서도 엄청난 반향을 일으켰다.

문제는 이렇게까지 잘 될 줄은 몰랐다는 것이다. 그래서 상표 출원은 한참이나 뒤늦게 하게 되었고, 그것이 결국 큰 문제를 만들게 되었다. 상표법은 '누가 먼저 가게를 열었느냐'가 아니라, '누가 먼저 특허청에 상표를 출원했느냐'를 기준으로 권리를 준다. 결국 몇 개월 차이로 상표를 쓰지 못하게 되었고, 그동안의 노력이 한순간에 물거품이 되었다. 누구를 탓하겠는가? 마음을 추스리던 중 낯선 카페 한구석에 놓인 잡지를 뒤적이다 우연히 한 문장에 꽂혔다.

"커피의 도시, 예술의 도시, 자연의 도시…. 치앙마이."

2주 뒤, 나는 치앙마이의 맑은 하늘 아래 서 있었다. 치앙마이는 상표 문제로 상처 입은 내 마음을 조용히 어루만져 주었고, 기계처럼 카페를 찍어내던 나에게 '세상엔 이런 카페도 있다'고 속삭이듯 색다른 경험을 선물해 주었다. 그리고 너무나 행복한 얼굴로 일하던 태국의 바리스타들은 내가 잊고 있었던 '열정'을 다시 떠올리게 해주었다. 한국에 돌아온 뒤에도 치앙마이에서 다시 2주를, 그리고 한 달을, 또 6개월을 살아본 나는 확신을 얻고 치앙마이로 이주를 하게 되었다. 치앙마이는 나를 치유해줬고, 나는 치앙마이를 사랑했다. 치앙마이에서 친구들을 사귀고, 카페도 하게 되고, 매일매일이 행복했다. 적어도 3년 동안…. 세상을 뒤바꾼 코로나라는 역병이 오기 전까지는 말이다.

정말 앞날은 아무도 모른다. 행복했던 치앙마이의 삶을 정리하고 정신없이 한국으로 돌아와 새롭게 자리를 잡아야 했다. 치앙마이의 삶에 익숙해진 나는 도시와 바쁜 일상이 더는 어울리지 않는 사람이 되어 있었고, 그래서 강원도로 가기로 결정했다. 수많은 선택지 중에서 춘천에 정착하기로 했는데, 수도권과의 접근성이 나쁘지 않으면서도 적당히 한적한 곳이라 생각했기 때문이다. 무엇보다 춘천은 아직 '낭만'이 남아 있는 곳 같았다.

그리고 이곳에서 새로운 카페를 다시 시작했다. 춘천 구도심에 비어 있던 6평짜리 구멍가게 자리를 보증금 500만 원에 월세 35만 원으로 임대했다. 첫번째 '플러스마이너스 커피' 매장이었다. 테이블 3~4개가 전부인 테이크아웃 위주의 6평 남짓한 협소한 카페에서, 치앙마이에서 개발하고 전 세계 관광객들로부터 사랑받았던 특색 있는 메뉴들을 아주 저렴한 가격으로 선보였다. 덕분에 코로나 기간임에도 불구하고 20여 명씩 줄을 서는 진풍경이 벌어졌다. 공중파 방송에서 취재를 나올 정도였다. 6평짜리 플러스마이너스 카페는 코로나 기간동안 춘천을 시작으로 서울, 경기도, 구미 등 전국에 18개 지점을 오픈했다. 나중에 설명하겠지만, 플러스마이너스 커피는 프랜차이즈가 아니다. 그럼에도 수많은 지점이 생긴건 플러스마이너스를 찾던 단골 손님들이 직접 창업을 했기 때문이다. 유래가 없는 특별한 경우다.

그렇게 몇 년간 승승장구하던 카페는 위기를 맞는데, 주변에 카페가 생겨도 너무 많이 생긴 것이다. 특히 전국에 수천개가 넘는다는 저가 커피 카페들은 시장의 생태계를 완전히 뒤

흔들어 놓았다. 주변 200m 거리에 2~3개 있던 카페는 어느새 10개가 되어 버렸고, 경쟁 속에서 한정된 오피스 상권을 나눠먹을 수밖에 없는 상황에 다다르고 말았다. 특색 없고 비슷비슷한 컨셉의 개인 카페들과 프랜차이즈 카페들은 시간이 지나면서 대부분 문을 닫았지만, 그럼에도 불구하고 오픈 초기 매출로 회복되기는 쉽지 않아 보였다. 장기적인 경기 침체가 지속될 것 같은 예감이 들었기 때문이다. 플러스마이너스 커피는 임대료가 저렴하고 오랫동안 단골을 확보한 덕에 그나마 매출이 줄어드는 정도로 버틸 수 있었다. 하지만 한 집 건너 한 집이 카페인 상황에서, 바리스타 챔피언이나 라떼아트 챔피언 정도의 실력과 인지도가 아닌 이상 커피만으로는 현상 유지 이상을 기대하기 어렵다고 판단이 들었다.

인생은 새옹지마라고 했던가? 지난 17년간 그랬듯 또 한번, 새로운 변화와 기획이 필요한 시점이 온 것이다.

결심이 서자마자 새로운 콘셉트의 카페를 구상하던 중, 문득 이런 생각이 들었다. 지난 17년간 수많은 카페를 만들고 운영해오면서, 내가 이 일을 계속할 수 있었던 원동력은 무엇이었을까? 결국 카페도 하나의 '장사'인데, 왜 나에게는 특별하게 느껴졌을까? 돌이켜보면, 나에게 카페는 삶의 방식이었다.

향기로운 커피, 감미로운 음악, 감각적인 인테리어, 그리고 손님들과의 흥미로운 대화. 그 시간들이 곧 삶의 일부였고, 그 자체로 보람이었다.

거기에 더해 '나'를 중심에 두고, 내 삶의 이상을 구현하는 카페를 만들고 싶었다. 단순히 자아실현을 하겠다는 이야기가 아니다. 장사에 새로운 원칙을 세웠다는 뜻이다. 똑똑하게 일하고, 부담 없이 운영할 수 있어야 한다. 그래야 오래 버틸 수 있고, 수익도 안정적으로 낼 수 있다. 그러기 위해 다음과 같은 원칙을 세웠다.

첫째, 일하는 시간이 짧을 것.
둘째, 돈은 많이 벌 수 있을 것.
셋째, 내가 자리를 비워도 표시가 나지 않을 것.
넷째, 경기 침체의 충격을 크게 받지 않을 자리일 것.
다섯째, 투자비가 많이 들지 않고 운영비가 적게 들 것.
여섯째, 일하는 강도가 쉬울 것.
일곱째, 유행을 타지 않고 주변과 경쟁하지 않을 메뉴를 가질 것.

이제 어디서 팔 것인지, 무엇을 팔 것인지, 얼마나 투자할 것인지 결정해야 한다.

입지

새로운 카페를 만들 때 가장 중요한 것은 자리, 즉 입지다. 가게를 어디에 구했느냐가 결과의 80% 이상을 좌우한다고 해도 과언이 아니다. 나는 구도심 상권, 오피스 상권, 아파트 상권, 대학가 상권 등 일명 '항아리 상권'이라 불리는 곳들은 배제했다. 항아리 상권은 주변이 다른 상권이나 도로로 둘러싸여 외부 유입이 적고, 내부 고객층에 의존하는 '폐쇄형 상권'을 말한다. 이런 상권들은 외부 수요보다는 내부 수요에 의존하기 때문에 자칫하면 우물 안 개구리가 될 수 있고, 장사가 아무리 잘 되어도 매출이 한계에 부딪히는 구조이기 때문이다. 외곽에 위치해 일부러 찾아가야만 하는 입지도 제외했다. 아무리 강력한 콘텐츠를 갖추고 있더라도 외곽 위치한 카페는 오픈 초기의 반짝하는 인기가 끝나면 금세 사람들의 발길이 줄어드는 경우가 많다. 더군다나 큰 규모의 외곽 카페는 투자금이 많이 들고, 회수까지 오랜 시간이 걸리며, 실패할 경우 감당하기 어려운 손실을 초래하는 경우를 너무도 많이 봐왔다.

그보다는 이미 자리를 잡고 꾸준한 방문객이 있는 관광지, 그리고 카페 거리보다는 지역 맛집 중심의 먹거리 골목처럼 관광객들의 필수 코스로 자리 잡은 곳. 갑작스러운 이슈로 반짝 떴다가 젠트리피케이션 현상으로 급속히 쇠퇴할 가능성이 적은 안정적인 곳을 위주로 입지를 찾았다.

소양강댐 닭갈비 거리는 춘천을 방문할 때 가장 먼저 떠오르는 장소다. 닭갈비와 막국수로 유명한 춘천의 대표적인 식도락 명소로, 춘천을 찾는 많은 이들에게 필수 방문지로 손꼽힌다. 소양강댐과 더불어 오랫동안 사랑받아왔다. 상가가 많지 않아 임대 매물이 거의 나오지 않으며, 나온다고 하더라도 부동산을 통하지 않고 주변 상인들끼리 알음알음 거래가 이루어지는 전형적인 '관광지 상권'이다. 관광지 상권은 다른 상권들과 달리 계절적인 영향이나 날씨의 영향을 많이 받고 주말 집중현상이 강하게 나타난다. 춘천 신북읍, 소양강댐으로 향하는 대로변을 따라 20여 개의 대형 닭갈비 가게들이 늘어서 있는 이 거리는 이미 10여 개의 크고 작은 카페들이 먼저 자리를 잡고 있었다.

그곳에 위치한 15평짜리 조립식 건물. 이전에도 카페로 운영되던 자리였지만, 부진을 면치 못하고 어느새 문을 닫은 곳

이었다. 부동산에도, 인터넷에도 정보가 없어서 매물로 나온지도 몰랐다. 다만, 폐업한 매장 유리창에 붙어 있는 A4용지 한 장. '임대'라고 써진 것이 전부였다. 평소 같았으면 무심코 지나쳤을 그 종이 한 장. 그런데 이상하게도, 네 귀퉁이 중 한 귀퉁이가 떨어져 나가 바람에 펄럭이며 흔들리던 모습이 마치 나를 향해 손짓을 하는 것처럼 느껴졌다. 그 작은 흔들림 하나도 묘하게 운명처럼 느껴졌다. 매물로 나온 15평의 단독상가는 많이 낡아서 외관부터 내부까지 전체를 손봐야했다. 작은 평수이지만, 대로변을 따라 길게 나 있는 건물의 형태는 마음에 들었다. 그렇게 단 1초의 망설임도 없이 계약을 체결했다.

계약을 하자마자 주변 상권을 더 집중적으로 분석하기 시작했다.

"주변 카페들의 가격대는 어떨까?"

"점심 러시는 있을까?"

"전에 있던 카페는 왜 이 좋은 자리를 갖고도 폐업을 했을까?"

"맞은편 국내 최대규모의 유명 중저가 프랜차이즈 카페는 왜 저토록 부진할까?"

답을 찾는 데는 오래 걸리지 않았다. 부진한 가게들의 공통점은 하나였다. 관광객들의 심리를 분석하지 않고, 자기가 하고 싶은 가게를 하고, 팔고 싶은 메뉴만을 고집한다는 점. 장사는 아주 간단하다. 고객과의 심리전이다. 그들이 호기심을 갖게 만들어야 하고, 사고 싶어 할 것을 팔면 된다. 춘천 소양강댐 닭갈비 거리는 춘천 시민보다 외부 관광객의 비중이 90% 이상일 정도로 외지인의 방문이 압도적으로 많은 곳이다. 이들은 시간은 없지만, 돈은 쓸 준비가 되어 있다. 그러나 결코 호락호락하지는 않다. 주중 내내 고된 일상을 견디다 주말을 틈타 떠난 여행길, 맛있을지 없을지도 모를 가게에 무작정 들어가 모험할 만큼 여유롭지 않고, 평소 서울에서도 쉽게 볼 수 있는 뻔한 프랜차이즈 카페에서 뻔한 커피를 마시며 시간을 때우는 일은 이들의 여행 리스트에 들어갈 수 없다.

이들의 루트는 분명하다. 유명한 닭갈비집에 가서 식사를 하고, 경관이 좋은 '인스타 감성'의 카페에 들러 사진을 찍고, 지역 특색이 있는 빵을 사서 숙소나 집으로 돌아간다. 그리고 다시 일상으로 돌아간다. 가격도 큰 문제가 아니다. 이천 원 남짓의 저렴한 커피와 싸게 구운 과자 몇 봉지로는 그들의 발길을 멈추게 할 수 없다. 항아리 상권에서 통하던 전략은 이들에게는 전혀 먹히지 않는다. '뻔한 가게'와 '뻔한 커피'는 망할 게 뻔하다. 단골을 기대하기도 어렵다. 그들이 다시 이곳에 돌아올 확률은 기약할 수 없기 때문이다. 여행 루트와 리스트 안에 들어가지 못한다면, 이 자리에 있던 이전 카페들처럼 고전하다가 결국 사라질 것이 뻔했다.

메뉴

　보통은 '무엇을 팔 것인지', 그리고 '어떤 컨셉으로 꾸밀 것인지'를 먼저 정한 뒤 가게 자리를 구하는 것이 올바른 순서다. 하지만 이번만큼은 예외였다. 워낙 마음에 쏙 드는 자리였고, 권리금도 없었으며, 내가 원하던 딱 그만한 작은 규모였기 때문에, 고민할 여지도 없이 계약을 체결했다. 며칠 동안은 신이 났고, 설렘으로 가득했다. 머릿속에서는 이미 카페가 완성되어 있었고, 손님들이 밀려드는 장면까지 그려졌다. 하지만 시간이 조금 지나면서, 서서히 걱정이 밀려오기 시작했다. 바로 옆에는 국내 최대 매출을 올리는 유명 베이커리 카페가 있었고, 맞은편에는 국내 최대 규모의 중저가 프랜차이즈 카페가 자리하고 있었다. 그들 사이에서, 고작 15평짜리 나의 작은 카페는 존재감조차 드러내기 어려울 게 분명했다. 소양강댐 닭갈비 거리는 연간 100만 명이 넘는 관광객이 찾는 곳이다. 이들을 다 잡으려는 욕심을 버리자. 뭔가, 단단하고도 명확한 '한 방'이 필요했다.

　모두를 만족시킬 순 없다, 커피를 중심에 두지 말자, 주변과 경쟁하는 메뉴는 과감히 피하자, 자신 없는 디저트나 빵은 버리자, 그리고 독창적인 시그니처 메뉴를 만들자. 지금 필요한 건 선택과 집중, 그리고 자신감이다.

기존 카페에서 커피가 아닌 메뉴 중 가장 인기있었고, 플러스마이너스 커피를 지금의 모습으로 성장시킬 수 있었던 원동력은 바로 밀크티였다. 주변 카페들의 메뉴를 분석해보니, 밀크티가 메뉴에는 포함되어 있었지만, 대개는 그냥 이름만 올려져 있는 수준이었다. 하지만 우리 밀크티라면 얘기가 달랐다. 충분히 경쟁력이 있고, 고객의 이목을 끌 수 있으며, 무엇보다 유행에 좌우되지 않고 지속력을 가질 수 있겠다고 판단했다.

밀크티를 특화시키겠다는 방향은 정했지만, 메뉴 구성을 어떻게 할지는 또 한 번 깊이 고민하지 않을 수 없었다. 기존 카페에서 커피 메뉴 중 아메리카노 다음으로 많은 사랑을 받았던 시그니처 메뉴인 크림커피 '맨하탄'을 빼야 할지 말아야 할지가 고민이었다. 맨하탄은 거의 매일 점심마다 찾아오는 단골이 있을 정도로 인기 있는 메뉴였다. 그럼에도 나는 이 메뉴를 과감하게 포기했다. 대신 커피 메뉴는 아메리카노, 카페라떼, 바닐라 크림 라떼, 아인슈페너, 딱 이 네 가지만 남기기로 결정했다. 이 결정은 결코 가볍지 않았다. 춘천의 플러스마이너스 카페에 방문하는 손님이라면 거의 예외 없이 찾는 대표 메뉴였기 때문이다. 그럼에도 맨하탄을 포기한 데에는 분명한 이유가 있었다. 맨하탄은 제조 시간이 4~5분이나 걸려 속도가 나지 않았다. 만들고 있는 동안에는 다른 주문을 받을 수 없어, 별도로 한 명이 이 메뉴만 전담해야 할 정도로 운영 효율이 떨어졌다. 그리고 무엇보다 중요한 이유는, 밀크티라는 핵심 메뉴에 대한 집중도를 흐리지 않기 위해서였다. 지금 돌아보면, 그 선택은 정말 잘한 결정이었다고 생각한다.

태국 치앙마이 대부분의 카페에서는 밀크티가 기본 메뉴로 자리 잡고 있다. 아예 커피를 팔지 않고 밀크티만 전문으로 다루는 크고 작은 매장들도 쉽게 찾아볼 수 있다. 나는 치앙마이에서 카페를 운영하면서 자연스럽게 밀크티를 접하고, 깊이 있게 연구할 수 있는 기회를 가졌다. 그리고 그 경험은 한국의 카페에 접목시킬 수 있는 분명한 강점이 되었다. 이런 기회는 아무에게나 주어지는 것이 아니다.

치앙마이는 커피 문화도 발달했지만, 좋은 차를 생산하고 가공하는 지역으로도 유명하다. 차의 종류도 다양하고, 마시는 방식 또한 제각각이다. 한 달 살기 좋은 도시 순위에서 늘 상위권을 차지하는 치앙마이의 밀크티는 현지인뿐 아니라 전 세계인의 입맛을 사로잡아 왔다. 덕분에 치앙마이에서 머무는 동안 수많은 차를 로스팅하고 블렌딩하며 레시피를 체계화할 수 있었고, 그 경험을 바탕으로 밀크티에 대한 전문성을 갖출 수 있었다.

일반적으로 카페에서는 '아삼'이나 '실론' 같은 홍차를 우유에 우려 만드는 '침지 방식'을 사용하는데, 이 방식은 가정용으로는 괜찮지만, 상업적인 환경에서는 여러가지 한계가 있다. 추출 환경과 온도에 따라 맛의 일관성이 떨어지고, 유통기한도 짧아 대량 생산에는 적합하지 않다. 무엇보다 완제품 형태로 제공되는 경우가 많아 주문 시 신선함을 유지하기 어렵다.

플러스마이너스 밀크티는 이와는 완전히 다른 방식이다. 블렌딩한 찻잎을 듬뿍 넣고, 최소한의 비정제 설탕을 사용해 100℃ 이상에서 진하게 끓여낸 고농도 원액을 만든 후, 주문 당일 신선한 우유와 섞어 제공한다. 이 방식은 인도식 제조법을 플러스마이너스만의 방식으로 재해석한 것으로, 신선함과 풍부한 향미를 동시에 잡는 것이 특징이다. 우리가 사용하는 찻잎은 치앙마이에서 공수한 최상급 2~3종의 차를 비밀 레시피로 블렌딩한 것으로, 바로 이 배합이 우리가 만든 밀크티의 독특함과 경쟁력을 뒷받침해주는 핵심이다.

프랜차이즈 밀크티 전문점들은 보통 어떤 차를 베이스로 쓰느냐, 무엇을 첨가하느냐에 따라 다양한 메뉴를 구성한다. 홍차, 얼그레이, 자스민 등 원료의 종류에 따라 메뉴 수를 늘릴 수 있고, 타피오카, 바닐라 시럽, 당도 조절 등 다양한 옵션으로 세분화가 가능하다. 때문에 처음에는 5가지 밀크티를 준비해 고객에게 선택지를 주는 것도 고민했지만, 냉정하게 판단해보니 다섯 가지 모두를 최고의 품질로 유지하기란 현실적으로 어려웠다. 재료 관리 측면에서도 복잡함이 뒤따랐기 때문에 단 하나의 오리지널 밀크티만 판매하기로 결정했다.

사실 메뉴를 최소화하면 장점이 많다. 일단 전문적으로 보인다. 그리고 재료 관리가 훨씬 수월하다. 동선이 단순해지면서 주방과 매장의 공간 활용이 넓어진다. 인력을 줄일 수 있다는 것도 큰 장점이다. 물론 단일 메뉴 전략에는 전제가 따른다. 메뉴가 적은 대신, 그 메뉴가 반드시 독창성과 경쟁력을 갖춰야 한다는 것이다. 그만큼 오리지널 밀크티에 대한 자신감이 있었다.

창업비용

모든 투자가 그렇듯, 특히 소규모 창업에서는 얼마를 투자하느냐보다 얼마나 빨리 회수할 수 있느냐가 훨씬 더 중요하다. 대규모 투자의 경우 자금 여력이 있거나 장기적인 안목으로 접근할 수 있겠지만, 소규모 자영업자는 대부분 생계를 목적으로 하기 때문에 한 번의 실패가 곧바로 생존과 직결될 수밖에 없다. 더군다나 자기 자본만으로 창업할 수 있다면 다행이지만, 현실적으로는 대출을 포함한 투자 비중이 크기 때문에, 실패할 경우 감당하기 어려운 상황에 놓일 가능성도 있다. 자금력보다는 신선하고 기발한 콘텐츠로 승부를 봐야 한다.

카페를 만드는 데 필요한 비용은 다음과 같이 크게 다섯 가지로 나뉜다.

임대 보증금 / 권리금 / 인테리어 / 기기 및 장비 구입비 / 초도 물품비

새로운 매장의 경우 다행히 권리금 없이 임대 계약을 체결할 수 있었고, 별도의 철거비도 들지 않았다. 하지만 건물이 워낙 낡은 조립식 판넬 구조였기 때문에, 결국 기둥 4개만 남

기고 새로 짓는 수준으로 공사를 진행해야 했다. 그 과정에서 인테리어 비용은 예상보다 더 들어갔다. 또한 외부 대형 입간판과 조경 공사 등 추가 비용도 발생했다. 나머지 항목(기기 및 장비 구입비, 초도 물품비 등)은 일반적인 카페들과 큰 차이 없었다. 참고로 내부 인테리어나 시설 투자비는 어느 카페든 비슷한 수준이지만, 테라스나 정원 등 외부 공사는 지역 환경에 따라 천차만별이기 때문에 사전에 충분히 고려해야 한다. 창업 비용이 궁금하다면, 다음 표를 참고 하면 된다.

플러스마이너스 창업 비용(15평) = 6,800만 원

인테리어 / 가구 음향기기 / 간판	초도 물품 / 포스	커피머신, 그라인더, 냉장고, 온수기, 제빙기
4,850만 원	750만 원	1,200만 원

기준은 15평이며, 평당 약 100만 원 정도를 더하고 빼면 된다. 매장마다 약간씩 다를 수 있으며, 철거공사, 전기증설, 냉난방공사, 테라스 등 외부공사, 각종 단말기 설치 등 추가로 비용이 들 수 있으니 꼼꼼하게 체크해야 한다.

브랜드는

스토리가

필요하다

더할 것도 뺄 것도 없는

'플러스마이너스'라는 네이밍은, '더할 것도 없고, 뺄 것도 없이 딱 좋은 No More, No Less, Just Good'이라는 뜻을 담고 있다. 이름을 정할 때부터 나는 상표등록 가능성을 가장 먼저 고려했다.

좋은 네이밍이란 최대한 쉽고 간결하며, 식별력이 높고, 눈에 잘 띄며 기억하기 쉬워야 한다고 생각한다. 예전에 상표 분쟁으로 큰 어려움을 겪은 경험이 있었기에, 이번에는 상표등록 가능성이 조금이라도 희박한 이름은 아예 리스트에 올리지도 않았다. 너무 어렵거나 복잡한 이름, '○○당', '○○상회'처럼 일시적으로 유행하는 네이밍은 피하는 것이 좋다. 반면 자신의 업종이 자연스럽게 연상되거나, 조금 특이하거나, 자기만의 신념이나 철학을 담은 이름은 충분히 경쟁력이 있다고 본다. 사실 네이밍이란 결국 '브랜드'와 함께 자라는 것이다. 유명해지면 어떤 이름이든 멋져 보이고, 반대로 아무리 멋진 이름이라도 알려지지 않으면 아무 소용 없다.

창업을 준비하는 사람이라면 상표등록은 선택이 아니라 필수라고 말하고 싶다. 소규모 자영업이라도 마음 편하게, 지속 가능하게 운영하고 싶다면 반드시 필요한 절차다. '상표사냥꾼'들은 잘 나가는 가게 중 상표가 등록되지 않은 이름을 찾아내 등록해버리고, 나중에 금전 요구나 법적 압박을 하는 경우도 있다. 단, 상표를 출원한다고 해서 무조건 등록되는 건 아니다. 식별력, 기존 상표와의 유사성, 업종 관련성 등 상표법상 여러 등록 요건을 충족해야 하므로, 가능하면 전문가인 변리사의 도움을 받아 진행하는 것이 좋다. 직접 출원을 진행할 경우, 특허정보검색서비스에서 유사 상표 여부를 사전 검색하고, 절차에 따라 출원을 진행하면 된다.

출원 후에는 특허청 상표심사관의 심사를 거치게 되고, 등록 요건에 문제가 있다면 의견제출통지서를 받게 된다. 이 경우 일정 기간 내에 소명을 해야 하며, 이의가 해소되거나 별다른 문제가 없을 경우 2개월간의 공고기간을 거쳐 최종 등록결정서를 받게 된다. 상표 출원부터 등록까지의 전체 소요 기간은 평균 약 1년이며, 우선심사를 신청하면 절반 이하로 줄어들 수 있다.

※ 플러스마이너스(상표등록 / 제40-2017708호)

이제 새로운 매장의 이름이 정해졌다. 더할 것도 없고, 뺄 것도 없이 딱 좋은 밀크티, '플러스마이너스 밀크티'다. 네이밍이 정해지고 브랜드의 방향성이 확립되었다면, 브랜드 로고와 캐릭터 개발이 그다음 순서다. 나는 우유갑을 메인 로고로, 젖소를 서브 캐릭터로 정했다. 로고와 캐릭터는 간판을 비롯해 컵, 홀더, 포장지, 메뉴판, 포스터, 엽서, 스티커, 유니폼 등 브랜드 전반에 걸쳐 일관되게 사용된다. 그 일관성이 브랜드의 정체성을 만드는데 중요한 역할을 한다.

Chuncheon

일단 튀어야 한다

밀크티 전문 카페를 만들기 시작하면서 가장 많은 고민과 시간을 들인 부분은 바로 컨셉이었다. 평범한 외관으로는 밀크티에 대한 전문성도 느껴지지 않을뿐더러, 지나가는 사람의 시선을 단 한 번에 사로잡기도 어렵다는 판단이 들었기 때문이다.

차Tea와 관련한 해외 티하우스 등 수많은 사례를 찾아봤지만, 대부분의 콘셉트는 놀랄 만큼 비슷했다. 초록 식물을 가득 채우거나, 티 케이스를 전시하거나, 나무 질감으로 자연스러운 인테리어를 구성한 '평범하고 안전한' 형태가 전부였다. 그런데 내가 원하는 분위기는 그런 게 아니었다. 무겁지 않고, 지나가다 한 번 웃고 시선을 줄 수 있는, 한눈에 "아, 밀크티 카페구나" 하고 알아볼 수 있는 외관이길 원했다. 이미 마음에 쏙 드는 자리를 구해 놓은 상태였기 때문에 무한정 고민만 할 수도 없었고, 그렇다고 확신 없이 대충 만들 수도 없었다. 그렇게 2주 가까이 매장 앞에서 머릿속만 맴돌던 어느 날, 문득 이런 생각이 들었다.

"밀크티 = 밀크 + 티'인데….

 내가 너무 '티'에만 몰두하고 있었구나."

이 깨달음 하나로, 모든 것이 술술 풀려나가기 시작했다. 컨셉은 명확해졌다. 카페는 '목장', 간판과 로고는 '우유갑', 상징물은 '젖소'다. 카운터는 이끼 식물을 활용해 초원의 느낌을 살리기로 했고, 전체 콘셉트가 정리되자 세부 디테일 역시 자연스럽게 일관성을 가질 수 있었다.

전면 간판 대신, 지붕 위에 우유갑과 젖소 두 마리를 올려놓았다. 커다란 나무와 하늘을 배경 삼아, '자유롭게 노니는 젖소'라는 테마를 만들고 싶었다. 넓고 긴 전면부에 상호명을 큼직하게 박을 수도 있었지만, 나는 그렇게 하지 않았다. 입구에는 우유갑 모양의 5m 높이 대형 입간판을 세웠다. 한눈에 봐도 '우유'를 테마로 한 카페라는 걸 알 수 있을 만큼 인상적이지만, 촌스럽거나 지나치게 화려하지 않도록 디자인과 색감, 비율에 공을 들였다. 바람에 쓰러지는 일이 없도록 철 구조물을 세우고 철판을 용접한 뒤 페인트를 칠했다. 워낙 크고 무거워서 설치할 때는 크레인까지 동원해야 했을 정도다. 기존에 주차장으로 쓰이던 외부 공간은 작은 공원처럼 조성했다.

잔디를 심고 나무 울타리를 둘러 목장 느낌을 연출한 것이다. 손님들이 카페에 들어가는 것이 아니라, 목장에 들어가는 느낌을 받도록 하고 싶었다. 실제 크기와 거의 비슷한 대형 젖소 모형도 배치했는데, 이 젖소 하나로 지나가던 차량이 멈추는 광경도 종종 벌어졌다.

한 번 생각해보라. 스타벅스Starbucks나 블루보틀Blue bottle coffee처럼 브랜드 인지도가 있는 것도 아닌데, 이름을 큼직하게 내건다고 해서 그게 사람들의 발길을 멈추게 할 이유가 될 수 있을까? 오히려 매장의 전체적인 감성을 해칠 뿐이다. 기존의 밀크티 프랜차이즈들은 대부분 차와 연관된 분위기를 살려, 초록초록하고 차분한 인테리어를 택하고 있었다. 그런데 나는 플러스마이너스 밀크티가 그런 이미지와는 완전히 다른, 활기차고 에너지 넘치는 '목장'의 느낌을 줄 수 있었으면 했다.

플러스마이너스 밀크티의 외관에서 카페라기보다는 테마파크나 놀이공원 같은 위트를 주고 싶었다. 너무 과하지 않으면서도 매장과 잘 어우러지는, 시선을 사로잡는 유쾌한 디자인. 그게 내가 생각한 '튀되, 컨셉에 충실한' 외관이었다.

하지만 고민도 있었다. 모든 소품과 디테일까지 목장 분위기로 꾸민다면 자칫 헛간이나 마굿간 같은 느낌이 날 수 있었

고, 그건 예쁜 카페라는 인상보다 사실적인 공간이라는 무미건조한 인상을 줄 수도 있다는 점이었다.

그래서 나는 위트를 가미하기로 했다. 매장의 4m 길이의 대형 카운터 위에 이끼 테라리움을 설치해 초원의 이미지를 연출하고, 그 위에 대형 젖소 모형을 올려 강렬한 임팩트를 주기로 한 것이다. 우유를 테마로 한 외국 매장에서도 젖소 모형을 소품처럼 한쪽 구석에 배치하는 경우는 가끔 있지만, 이렇게 카운터의 정중앙, 매장의 중심을 차지하는 존재로 젖소를 활용한 사례는 아직 본 적이 없었다. 단순한 장식이 아니라, 플러스마이너스 밀크티를 시각적으로 강하게 전달하기 위한 상징이기도 했다. 지나가는 사람은 물론, 매장에 들어선 손님 누구라도 '여긴 뭔가 다르다'고 느끼게 하는 것이 중요했다. 그 외에도 매장 내에서 중요하게 생각한 포인트들은 다음과 같다.

테라리움

카운터 전체를 하나의 '목장'처럼 구성하기로 결정했다. 먼저 철 구조물로 틀을 만들고, 하부에는 테이블 냉장고를 설치해 실용성을 더했다. 그 위에 얹은 테라리움에는 실제 이끼와 식물이 생존할 수 있도록 방수 작업을 철저히 했고, 화단 부분에는 굵은 자갈과 모래를 차례대로 깔아 물 빠짐이 좋고 고사리류가 잘 자랄 수 있는 환경을 구현했다. 단순한 장식이 아니라, 생명감이 살아 있는 작은 숲. 말 그대로 TERRA대지와 ARIUM그릇의 조합으로 만든 이 테라리움은 매장의 중심이자 상징적인 공간이 되었다.

취향 수집

매장 한쪽 벽에는 철제 선반을 놓고, 오롯이 나의 취향으로 채운 공간을 만들었다. 그동안 틈틈이 모아온 빈티지 오디오와 스피커, 오래된 타자기, 1958년식 헝가리산 레트로 TV, 디자인 조명 등 내가 좋아하는 물건들로 선반을 가득 채웠다. 매장은 하루 종일 머물고 사람들과 이야기하며 가끔은 하늘도 올려다보는 장소다. 그래서 무엇보다 내가 행복할 수 있어야 한다고 생각했다. 내가 좋아하는 것들로 둘러싸인 이 작은 취향의 벽은, 카페라는 공간에 내 존재를 자연스럽게 녹여 넣는 방법이기도 했다.

스피커도어

세상에 하나뿐인 문을 만들고 싶었다. 그래서 문을 스피커로 만들었다. 그런데 문인지 몰라서 열지 못하는 사람들이 많다. 애증의 문이 되어버렸다. 괜찮다. 날씨가 따뜻해지면 활짝 열어두면 되니까. 세상에 없던 것이 새로 생기면, 처음엔 늘 낯설 수밖에 없다. 그 낯섦이 어느 순간 자연스러움이 되기를 바란다.

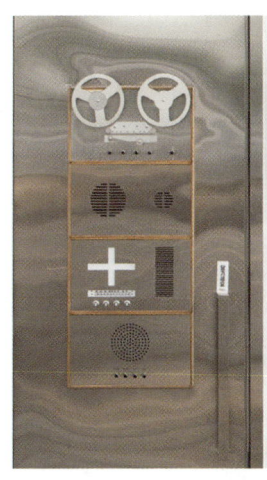

매립등과 실링팬

천장의 조명은 최대한 최소화했다. 매립등을 달아 시선이 천장으로 향하지 않도록 했고, 손님들의 시선이 오직 카운터와 젖소에 머물게 하고 싶었다. 날씨가 좋은 날에는 활짝 열린 폴딩 도어와 천장에 달린 실링팬이 만들어내는 살랑이는 바람이 손님들을 기분 좋게 만들 것이다. 또 손님들이 앉아 있을 때 하늘이 가장 예쁘게 보이는 위치에 창을 냈다. 답답함을 덜고, 북향인 매장에 아침부터 늦은 오후까지 따스한 햇살이 자연스럽게 들어오도록 했다. 그 창을 통해 보이는 하늘은, 매일 다른 그림처럼 변하며 하루하루 새로운 풍경을 선물해 준다.

폴딩도어

폴딩도어는 여러 쪽의 좁은 문짝을 경첩 등으로 연결해 접었다 펼 수 있는 문이다. 폴딩도어는 문짝마다 프레임이 있는 일반형과, 큰 프레임 하나에 통유리처럼 시원한 개방감을 주는 글라스 폴딩도어로 나뉜다. 플러스마이너스 밀크티는 겨울철처럼 문을 열 수 없는 상황에서도 답답함 없이 외부에서 내부가 잘 보이도록 글라스 폴딩도어를 선택했다. 물론 일반 프레임 폴딩도어에 비해 단열 성능이 떨어지고 가격도 더 비싸다는 단점이 있지만, 공간의 개방감과 시각적인 만족도 면에서는 아주 만족스럽게 사용 중이다.

COFFEE

	HOT	ICE
아메리카노	2.5	2.5
라떼	3.5	3.5
바닐라 크림 라떼	4.0	4.0
아인슈페너	X	4.0

MILKTEA

밀크티 (사이즈업)	3.5	3.5 (4.5)
밀크티원액 (10잔/선물용)	₩10,000	

DRINKS

캐모마일 허브티	2.5	2.5
복숭아 아이스티	X	2.5

메뉴 포스터

카운터 바로 옆, 주문하는 공간에는 메뉴판을 액자 형태로 제작해 벽에 걸었다. 공간을 최대한 효율적으로 활용하면서도, 매장의 분위기를 해치지 않도록 액자의 크기, 색감, 포스터의 내용까지 신중하게 고민했다. 하지만 메뉴판의 본질은 어디까지나 메뉴를 한눈에 알아보기 쉽게 하고, 종류와 가격을 명확히 전달하는 것이다. 그래서 전체 디자인은 검정 글씨체로 간결하게 정리했고, 젖소 일러스트를 넣어 포인트를 주면서 밀크티 전문점이라는 이미지를 자연스럽게 담아냈다.

테이블과 의자

화려한 테이블, 푹신한 의자는 없다. 매장 한쪽 긴 벽을 따라 시공 단계부터 만들어진 시멘트 벤치와, 그 앞에 놓인 모던한 모듈 테이블 5개가 전부다. 마주보고 앉는 구조가 아니기 때문에, 손님들은 벤치에 앉아 음료를 마시며 스피커에서 흘러나오는 음악을 듣거나, 카운터와 젖소를 바라보거나, 혹은 창밖 하늘을 바라보는 좌석 구조다. 이는 테이크아웃 전문점과 일반 카페의 중간 지점쯤에 있는 구조라고 할 수 있다. 편안함보다는 짧은 머무름 안에서 인상적인 경험을 주는 플러스마이너스 밀크티의 방식이다.

조명

'인테리어의 꽃은 조명'이라는 말이 있다. 그만큼 조명은 공간의 분위기를 연출하는 데 중요한 역할을 한다. 플러스마이너스 밀크티 매장의 경우 저녁 시간 이후에는 영업을 하지 않기 때문에, 천장 조명은 최소한으로 제한하고 매립형 조명만 설치했다. 대신, 유명 디자이너의 테이블 스탠드를 매장 곳곳에 소품들과 어울리게 배치해 감각적인 포인트 조명으로 연출했다. 불필요한 조명을 걷어낸 대신, 작고 섬세한 조명이 만드는 빛의 밀도로 채웠다.

수납의 미학

흔히 하는 실수 중 하나는 수납공간의 중요성을 간과하는 것이다. 특히 테이크아웃 전문 매장의 경우, 많은 물품을 빠르고 효율적으로 꺼내 쓸 수 있도록 정리해야 한다. 15평 규모의 작은 테이크아웃 매장이 '예뻐 보이기' 위해서는 오히려 더 철저한 공간 설계와 수납 전략이 필요하다. 빈도에 따라 물품을 정확히 구분하고, 동선에 맞춰 수납 공간을 배치해야만 음료 제조가 원활하고, 물품도 지체 없이 보충할 수 있다. 눈에 보이는 인테리어만큼이나, 보이지 않는 수납 동선이 매장의 운영 효율을 결정짓는다. 수납은 선택이 아니라 생존이다.

향기도 인테리어다

어느 장소, 어떤 공간에 가면 첫인상처럼 다가오는 감각이 있다. 눈에 보이는 것일 수도 있고, 음악처럼 들려오는 소리일 수도 있다. 냄새, 즉 향기도 마찬가지다. 플러스 마이너스 밀크티는 늘 차를 끓이는 향과 커피 향으로 가득하다. 여기에 한 가지가 더 해진다. 하루에 한두 번, 은은한 인센스 향초를 피운다. 이 향은 단순한 연출이 아니라, 매장 내부 인테리어 자재 중 큰 비중을 차지하는 나무에 자연스럽게 스며들어, 하루 종일 은은하게 퍼진다. 입장하는 순간부터 좋은 인상을 심어줄 수 있는 요소가 된다. 향기도 인테리어의 일부다.

6시간 일하고

2억 버는

밀크티 카페

실매출	실매출
3,115,500원	**3,076,500원**

가맹점명	플러스마이너스		가맹점명	플러스마이너스
출력시간	2025-05-04(일)20:57:00		출력시간	2025-05-06(화)00:18:17
시작시간	2025-05-04(일)00:00:00		시작시간	2025-05-05(월)00:00:00
종료시간	2025-05-04(일)20:56:53		종료시간	2025-05-05(월)22:52:28

매출 상세

실매출	3,115,500원		실매출	3,076,500원
주문건수	390건		주문건수	357건
반품	12,000원		반품	0원
할인	0원		할인	0원
매장	3,115,500원		매장	3,076,500원

결제수단별 매출

카드	2,992,000원		카드	2,987,500원
현금			현금	
ㄴ단순 현금	59,000원		ㄴ단순 현금	38,500원
ㄴ현금영수증	17,500원		ㄴ현금영수증	37,000원
간편결제	47,000원		간편결제	13,500원
계좌이체			계좌이체	
ㄴ단순 현금	0원		ㄴ단순 현금	0원
ㄴ현금영수증	0원		ㄴ현금영수증	0원

그래서 15평 시골 밀크티 카페는 얼마나 벌까?

왼쪽의 사진은 실제 매출 전표다. 2025년 5월 4일 일요일의 실매출은 총 3,115,500원이다. 5월 5일 어린이날에는 3,076,500원을 벌었다. 연휴 특수가 있었지만 대체로 월 평균 매출은 2,500~3,500만 원 정도이다.

많이 벌고 적게 벌고는 상대적인 개념이다. 얼마를 투자했는가, 얼마의 시간 동안 어느 정도의 노동강도로 일하는가에 따라 수익에 대한 만족도는 각자 다를 수밖에 없다. 조그만 카페에서 연 수익 2억을 내는 건 정말 쉽지 않은 일이다. 나는 보증금을 포함해 총 1억 미만을 투자했고, 하루 평균 6시간 정도 일한다. 그리고 1년에 두세 번은 2~3주씩 해외에서 시간을 보낸다. 이게 가능한 이유는 월 70만 원이라는 저렴한 임대료와 매출 대비 높은 수익률과 메뉴의 전문성과 단순함에서 오는 최소의 인건비에 있다. 중요한 건 규모도, 매출도 아니다. 결국 핵심은 순이익이다. 많이 벌면 뭐하겠는가. 재료값 비중이 높고 인건비에 세금까지 다 나가고 나면 남는 게 없다면, 그건 지속가능한 구조가 아니다.

플러스마이너스 밀크티는 원재료 중 가장 중요하면서도 큰 비중을 차지하는 차를 태국 치앙마이에서 직접 공수한다. 치앙마이에서 살았던 경험 덕분에, 좋은 차를 합리적인 가격에 구입할 수 있는 방법을 알고 있고, 든든한 현지 친구들도 있다. 중간 도매상이나 수입상을 거치지 않고 직접 들여오기 때문에, 운송비나 관세, 현지 대행 수수료가 붙더라도 국내 유통을 통해 사는 것보다 훨씬 저렴하고 안정적으로 공급받을 수 있다. 이런 구조 덕분에 관광지라는 입지에도 불구하고 밀크티 한 잔을 3,500원이라는 가격에 판매할 수 있다.

손님 한 명이 쓰는 평균 금액을 '객단가'라고 한다. 플러스마이너스 밀크티의 1인당 객단가는 약 8천 원 수준이다. 디저트를 팔지 않고, 밀크티 한 잔 3,500원, 아메리카노 한 잔 2,500원인 매장에서 어떻게 객단가가 그렇게 나올 수 있느냐고 묻는 사람들이 있을 수 있다. 그 이유는 간단하다. 플러스마이너스 밀크티는 처음부터 매장을 쇼룸 혹은 팝업샵 개념으로 기획했다. '음료를 마신다'가 아니라 '음료를 경험한다'는 개념에 가까운 구성이다. 감각적인 공간에서 한 잔의 밀크티를 경험하게 하고, 그 경험이 마음에 든 사람들에게는 집에서도 같은 맛을 느낄 수 있도록 밀크티 원액을 구매하거나 주변 사람들에게 선물할 수 있는 구조로 설계했다. 어떻게 하면 매장에서의 경험을 포장 판매로 연결하고, 객단가를 자연스럽게 높일 수 있을지를 끝없이 고민해 온 결과다. 이 전략이 플러스마이너스 밀크티 수익 구조의 핵심이다. 플러스마이너스 밀크티가 판매하고자 하는 진짜 상품은 한 잔의 음료가 아니라 밀크티 원액이다.

플러스마이너스 밀크티 원액은 고온으로 살균되어 실온에서도 3~4일간 보관이 가능하고, 냉장 보관 시에는 최대 60일까지 보관할 수 있어 대량 구매에도 부담이 없다. 계량컵과 레시피 엽서를 함께 제공하고, 낱개 포장으로 상품성을 높였으며, 3병을 구매하면 1병을 더 주는 '3+1 전략'이 고객들의 대량 구매를 유도했다. 원액을 사간 고객이나 선물받은 이들은 자연스럽게 플러스마이너스 밀크티의 입소문 마케터가 되었다. 원액을 경험한 사람들은 택배 주문으로 이어졌고, 택배로 주문할 경우 '5+1' 혜택과 개별 포장, 무료 배송 서비스는 주변 지인에게 선물하고자 하는 고객과 밀크티 마니아층의 큰 호응을 이끌어냈다.

이 전략은 적중했다. 플러스마이너스 밀크티의 원액은 집에서도 매장에서 마신 것과 동일한 맛을 쉽게 낼 수 있도록 개발되었다. 고품질의 차를 아낌없이 사용하고, 비정제 설탕을 최적의 비율로 넣어 100℃ 이상의 고온에서 오랜 시간 끓여 숙성시키는 방식이다. 이렇게 만들어진 고농도 원액은 10잔 분량의 250㎖ 병에 담아 1만 원에 판매한다. 처음에는 가격을 올리고 용량을 더 늘릴까 고민도 했지만, 1잔당 1천 원이라는 가격은 누구나 부담 없이 구매할 수 있는 심리적 마지노선이었다. 이 가격은 원재료비가 크게 오르지 않는 이상 앞으로도 유지할 계획이다.

현재 플러스마이너스 밀크티 전체 매출의 40% 이상은 이 원액 판매에서 발생한다. 향후 더 많은 고객들이 이 경험을 누적해간다면, 전체 매출의 60%까지도 원액 판매로 채우는 것이 목표다. 이를 위해 좋은 차를 미리 대량으로 확보하고, 원액을 끓이는 공간과 인력을 보강해 증가하는 수요에 대비하고 있다.

그래서 손익분기점은 어떻게 계산하는가?

총 투자비용이 회수되는 손익분기점은 창업비용을 얼마의 기간 동안 회수할 수 있는지를 기준으로 분석할 수 있다. 이때 보증금은 추후 회수가 가능한 금액이므로 손익분기 계산에서 제외하며, 권리금 역시 점포를 양도할 때 회수 가능한 자산이지 사업 운영 중 발생하는 수익이 아니므로 제외하는 것이 합리적이다. 결국 손익분기점 계산은 '순수 창업비용'을 기준으로 판단하는 것이 바람직하다. 손익분기점의 개월 수는 다음과 같이 계산한다.:

개월 수 = 창업비용 ÷ {(일매출 × 30일 × 마진율) - 고정비용}

예를 들어, 총 7,560만 원의 창업비용이 들었고, 월 고정비용(임대료, 관리비, 인건비 등)이 200만 원, 일평균 매출이 70만 원이며 마진율이 78%인 경우 다음과 같이 계산한다.

5.25개월 = 7,560 ÷ {(70 × 30 × 0.78) - 200}

즉, 창업에 들어간 비용을 회수하는 데 약 5.25개월이 걸린다는 의미다. 물론 손익분기점의 계산 방식은 업종이나 운영 방식에 따라 조금씩 달라질 수 있으므로, 위 공식은 참고용으로 바라보는 것이 좋다. 일반적으로 창업비용 회수기간이 12개월 내외면 '아주 양호'한 편이다. 1년이 조금 넘는 17개월 내외는 '양호'한 수준이고, 24개월은 '준수'하다고 할 수 있다. 그러나 30개월을 넘기게 되면 '폐업'을 고려해야 할 만큼 심각한 수준이다.

창업하기 가장 좋은 달은 몇 월일까?

　카페도 성수기와 비수기가 있다. 카페의 입지에 따라 다르겠지만, 관광지나 특수 상권이 아닌 이상 대부분 비슷한 흐름을 보인다. 날씨의 영향을 많이 받기 때문이다. 3월부터 6월, 그리고 9월부터 12월까지는 성수기다. 춥고 더운 1월, 2월, 8월은 비수기로 분류할 수 있다. 대략적으로 날씨가 좋은 봄과 가을이 장사가 잘 된다.

　그렇다면 언제 창업하는 것이 가장 좋을까? 2월에 가게를 계약하고 공사 등 준비를 마친 뒤 3월에 오픈하는 것이 가장 이상적이다. 이 시기는 '오픈발'을 경험해볼 수 있는 시기이기도 하고, 운영 중에 문제가 생기더라도 다른 시도를 해볼 수 있는 기회가 남아 있다. 반대로 11월, 12월, 1월은 오픈 시기로는 추천하지 않는다. 물론 이는 어디까지나 일반적인 경우이며, 상권의 특성에 따라 달라질 수 있다는 점은 반드시 감안해야 한다.

임대료 얼마가 적정할까?

　창업할 때 대부분이 하는 가장 큰 실수가 바로 임대료에 대한 낙관적이고도 안이한 생각이다. A급 상권을 제외하고 소상공인이 보증금 2천만 원 수준의 상가를 구한다고 하면, 월세는 100만 원 이하, 100~200만 원 사이, 200만 원 이상으로 크게 나눌 수 있을 것이다. 그런데 대부분의 초보 창업자들은 "월세 나누기 30일을 하면 별거 아니네?"라는 생각을 하기 쉽다. 200만 원 나누기 30일 하면 하루 6만 6천 원만 벌면 된다라는 계산법을 쓰게 된다. 나중에 이게 얼마나 큰 판단 착오였는지를 알게 될 것이다.

　적정한 임대료는 예상 매출의 10%를 넘지 않는 것이 바람직하다. 예를 들어, 월 임대료가 100만 원이라면 월 매출이 천만 원은 되어야 한다. 마찬가지로 월세가 200만 원이라면 2천만 원 정도는 나와야 적당한 수준이다. 임대료를 하루 만에 회수할 수 있다면 '최상', 3일 안에 회수할 수 있다면 '좋음', 일주일 안에 회수할 수 있다면 '보통'이다. 하지만 일주일이 지나도 임대료만큼의 매출을 내지 못한다면, 더 늦기 전에 반드시 대책을 세워야 한다.

재고는 없다

플러스마이너스 밀크티는 당일 제조, 당일 판매를 원칙으로 한다. 따라서 냉장 쇼케이스가 없고 재고도 존재하지 않는다. 카페가 음식점에 비해 잔반이나 재고 문제가 적지만, 플러스마이너스 밀크티는 특히 더 그러하다. 일반적인 밀크티 전문점들이 냉장 우유에 차를 미리 우려놓은 병을 쇼케이스에 진열하여 판매하는 방식이라면, 플러스마이너스 밀크티는 100℃ 이상에서 끓여 숙성시킨 원액을 그날그날 우유와 섞어 판매한다. 테이블 냉장고 4대를 가득 채우고 있는 건 매일 공급받는 신선한 우유와 직접 끓인 밀크티 원액뿐이다. 이는 재고 부담이 없고, 낭비 없이 운영할 수 있다는 점에서 운영 효율성과 수익성 모두에 긍정적인 영향을 준다.

저울, 비이커 beaker, 타이머 timer

맛의 일관성을 유지하는 일은 생각보다 쉽지 않다. 플러스마이너스 밀크티에는 흔히 말하는 '손맛'이 없다. 대신 매장 곳곳에 저울이 놓여 있고, 비상용 저울까지 마련되어 있을 정도로 계량이 절대적으로 중요하다. 차를 끓일 때부터 저울로 찻잎을 계량하고, 뜨거운 물도 비이커에 담아 일정한 온도와 시간으로 끓인다. 우유와 원액을 섞을 때도 저울과 비이커는 필수다. 완성된 밀크티 또한 얼음을 제외한 음료의 양을 저울로 정확히 측정해 제공하기 때문에, 얼음으로 양을 채운다는 걱정은 하지 않아도 된다. 플러스마이너스 밀크티의 맛은 철저히 수치화된 기준에 따라 만들어지며, 누구나 같은 품질의 음료를 만들 수 있도록 설계되어 있다.

SMALL TALK

　서비스업이라는 업종은 본질적으로 '사람을 대하는 일'이다. 아무리 음료를 잘 만들고 인테리어가 멋져도, 손님이 매장에 들어와서 주문하고, 설명을 듣고, 음료를 전달받는 그 과정에서 결국 사람이 중심이 된다. 요즘은 무인주문기인 키오스크를 사용하는 매장도 많지만, 교감이 없으면 손님은 기계적으로 주문만 하고 빠져나간다. 만약 플러스마이너스 밀크티가 그런 방식으로만 운영됐다면 지금의 모습은 없었을 것이다.

　음료를 파는 기술보다 더 중요한 것은 그 순간을 함께하는 태도다. 너무 과하지 않은, 부담스럽지 않은 친절함. 한마디의 친근한 인사나 눈맞춤이 때론 무엇보다 중요하다. 음료의 맛보다, 멋진 인테리어보다 훨씬 더 깊게 기억된다. 손님에게 '친절' 이상으로 '친근'이 주는 힘은 생각보다 크다. 다시 한번 강조한다. 카페는 사람을 대하는 일이다.

음악이 매장의 이미지를 결정한다

팝송, 인디음악, 올드팝, 재즈, 클래식 등 카페와 어울리는 음악은 정말 다양하다. 어떤 음악을 선택하느냐는 전적으로 카페 주인장의 몫이며, 그 사람의 취향과 성향이 고스란히 반영된다. 나쁜 음악은 없다. 하지만 공간과 어울리지 않는 음악은 분명히 있다. 플러스마이너스 밀크티에서는 가사가 없는 재즈 음악을 선호하며, 볼륨을 살짝 높여 트는 편이다. 손님이 매장에 들어오는 순간, 인테리어와 함께 음악으로 분위기를 단번에 감싸기 위함이다.

로파이 재즈는 좋은 선택이 될 수 있다. 로파이(Lo-fi)는 'Low Fidelity'의 약자로, 음질이 깔끔하지 않고 테이프 노이즈나 잡음 등이 섞인 음악을 뜻한다. 원래는 이런 소리가 결함으로 여겨졌지만, 어느 순간부터는 오히려 감성을 자극하는 요소로 받아들여지며 대중음악 속에서 하나의 장르로 자리 잡았다. 과하지 않고 공간에 은은하게 깔리는 로파이 재즈는 특히 차분한 분위기를 연출하기에 적합하다.

바리스타 자격증? 라떼아트?

카페 창업 초보자들이 가장 힘들어하고 부담스러워하는 것 중 하나가 메뉴 구성인데, 그중에서도 특히 우유 스팀이 필요한 음료를 어렵게 느낀다. 라떼 종류의 음료들이 그렇다. 커피 추출까지는 무난하게 해내지만, 추출한 에스프레소에 어떤 방식으로 우유 스팀을 더하느냐에 따라 음료의 맛과 완성도가 천차만별이 된다. 문제는, 만약 11월처럼 추운 계절에 매장을 오픈하게 되면 뜨거운 음료 주문 비율이 자연스럽게 높아지고, 경험이 부족한 상태에서 일명 '개거품'이 가득한 라떼를 손님에게 제공하게 되는 경우가 잦아진다. 그렇게 되면 손님들은 음료의 퀄리티를 낮게 평가할 가능성이 높고, 재방문율에도 악영향을 줄 수 있다. 게다가 따뜻한 음료는 차가운 음료보다 제작 시간이 더 걸리는 경우가 많아, 주문이 밀리게 되면 운영자가 당황할 수 있다.

카페 창업을 준비하는 단계에서라면 바리스타 교육 중에서도 특히 우유 스팀과 라떼 아트에 집중하길 권하고 싶다. 이는 실전에서 가장 필요로 하는 기술이자, 커피의 맛과 인상을 좌우할 수 있는 필살기이기 때문이다. 그래서 가능하다면 봄, 여름, 가을처럼 비교적 차가운 음료의 비중이 높은 계절에 창업을 시작해, 서서히 음료 제조 기술에 익숙해지고 자신감을 갖게 되는 것이 좋다. 그래야 겨울이 와도 당황하지 않고, 맛있고 안정적인 뜨거운 음료를 여유 있게 제공할 수 있다.

커피머신은 어떤걸 쓸까?

커피를 중심으로 운영하는 카페라면 커피머신과 그라인더가 차지하는 비중은 매우 크다. 창업비용 측면에서도, 또 수준 높은 커피를 제공하는 이미지 형성 측면에서도 마찬가지다. 자금 여유가 충분하다면 고민할 필요도 없다. 확실히 비싸고 좋은 장비는 그 값을 한다. 그러나 문제는 본인이 그 장비를 제대로 다룰 수 있느냐, 그리고 그 고가의 장비에 상응하는 매출을 낼 수 있느냐는 것이다.

카페를 운영하는 이들에게는 장비에 대한 로망이 있다. 나 또한 마찬가지였다. 흔히 말하는 하이엔드 커피머신들은 수천만 원에 달하는 고가 장비들이다. 하지만 이런 커피머신이 있다고 해서 무조건 좋은 맛을 낼 수 있는 건 아니다. 좋은 품질의 원두, 세심한 세팅, 일정한 레시피, 그리고 기계를 다루는 바리스타의 기술이 함께할 때 비로소 완성도 있는 커피가 만들어진다. 일반적으로 1,500만 원 이상의 커피머신을 하이엔드 머신이라 부르는데, 커피업계 사람들은 매장에서 그런 장비를 보면 자연스럽게 커피 맛에 대한 기대치를 높이게 된다.

17년째 카페를 운영해온 개인적인 입장에서 말하자면, 커피 추출 과정에서 가장 중요한 것이 무엇이냐는 질문에 한 치의 망설임 없이 커피 원두가 '90%'라고 말할 수 있다. 좋은 원두는 맷돌에 갈아 내려도 맛있다. 반대로 질 낮은 원두는 아무리 좋은 커피머신으로 내려도 맛이 날 수 없다. 만약 스페셜티 커피를 다루거나, 고급스러운 분위기를 강조하고 싶거나, 하이엔드 머신에 대한 강한 열망이 있다면 충분히 투자할 만하다. 그러나 그렇지 않다면 자금 사정에 맞는 중저가 커피머신만으로도 훌륭한 커피를 만들 수 있다. 요즘 중저가 머신들도 상향 평준화되어 있고, 좋은 원두만 쓴다면 고객 입장에서는 큰 차이를 느끼기 어렵다. 실제로 대부분의 고객들은 그 매장에서 어떤 커피머신을 쓰는지 관심조차 없다. 결국은 점주의 자기만족일 뿐이다.

　오히려 초보 창업자들이 간과하는 부분은 커피 그라인더다. 일반적으로 그라인더는 100만 원 미만부터 100만 원대 후반, 300만 원대 이상까지 가격이 나뉘는데, 나는 중저가 커피머신을 사용하면서도 300만 원대 고가 그라인더를 선택했다. 이유는 단순하다. 저가 그라인더는 원두를 가는 시간이 너무 길고, 소음이 심하며, 분쇄도가 일정하지 않아 맛의 일관성이 떨어진다. 특히 점심시간 러시가 있거나 유동 인구가 많은 관광지 매장의 경우, 빠르고 일정한 분쇄가 가능한 고급 그라인더가 훨씬 유리하다. 커피머신은 조작이 쉽고 고장이 적으며, 수리가 용이하고 보일러 용량이 넉넉한 중저가 모델이면 충분하다. 하지만 그라인더만큼은 소음이 적고, 분쇄 속도가 빠르며, 결과물의 균일도가 높은 고급 모델을 사용하는 것을 추천한다. 실전에서 그 차이는 분명하게 드러난다.

3분이면 알 수 있다

카페가 새로 오픈했을 때 누군가 "저 카페 어때요?"라고 물으면 나는 조심스럽게나마 3분 안에 그 카페가 잘될지, 오래 못 갈지를 알 수 있다고 말하곤 한다. 그렇게 판단하는 데는 나름의 근거가 있다.

첫 번째로 가장 먼저 보는 건 외관이다. 세련되었든 촌스럽든, 혹은 특이하든 간에 시선을 끌 수 있느냐가 첫 번째 관건이다. 외관 디자인이든, 상호명이든, 혹은 매대 앞에 걸린 메뉴든 간에 지나가는 사람의 발걸음을 잠시 멈추게 만들 수 있어야 한다. 이 첫 번째 관문을 통과하지 못하면, 카페는 애초에 고객과의 접점을 만들 기회조차 얻기 어렵다.

두 번째는 인테리어다. 음료 맛도 중요하지만, 카페에서 분위기는 맛에 버금가는 영향을 준다. 개성이 없고 특별하지도 않은 공간에서 마시는 음료는 기대치가 자연스레 낮아질 수밖에 없다. 매장에 들어섰을 때 '여긴 뭐가 다르다'는 인상을 주지 못하면, 손님은 금세 흥미를 잃는다.

세 번째로 확인하는 건 메뉴다. 메뉴의 양이 많고 화려한 건 중요하지 않다. 정말 중요한 건 그 가게만의 시그니처가 있느냐는 것이다. 어딜 가나 있는 뻔한 메뉴만 있다면, 손님들은 그 카페를 다시 찾지 않을 것이다.

여기까지의 조건이 충족된다면 마지막으로 음료를 직접 경험해볼 차례다. 주문한 음료를 기다리는 동안 주방의 셋업 상태를 보고, 커피머신에서 추출되는 에스프레소의 줄기를 바라보고, 매장에 흐르는 음악까지 확인해보면 된다. 이런 요소들을 보면 그 카페가 앞으로 잘될 수 있을지, 그리고 얼마나 오래 갈 수 있을지 대략적인 감이 온다. 이런 판단은 아마 10년 가까이 카페를 운영해본 사람이라면 대부분 비슷하게 할 수 있을 것이다.

인테리어 트렌드를 무시하라

트렌드와 유행은 금세 사라진다. 사람들이 SNS에 올리기 위해 앞다투어 찾는 순간, 그 유행은 이미 꺼지기 시작한 것일지도 모른다. 오래 장사하고 싶다면 인테리어는 '유행'보다 '독특함'에 초점을 맞춰야 한다. 지금의 인테리어가 1~2년 후에도 트렌디할 거라는 생각은 버리는 게 좋다.

SNS 마케팅보다 입소문 마케팅이 더 강력하다. 플러스마이너스 밀크티는 마케팅에 비용을 거의 들이지 않는다. 오픈 직후 쏟아지는 홍보 전화에도 광고 대신 품질 개선에 예산을 쓴다. 더 맛있는 밀크티와 커피를 합리적인 가격에 제공하는 것이 우리의 전략이다. 그래서 초반엔 느릴 수밖에 없지만, 만족한 고객들이 자발적으로 입소문을 내기 시작하면 탄탄한 마니아층이 생긴다. 조급해하지 않고, 천천히 찾아올 가치 있는 가게로 자리 잡는 것, 그것이 우리가 가는 길이다.

작지만 강한 브랜드의 생존 법칙

이제 장사는 단순한 운영을 넘어 크리에이티브, 즉 창조의 영역이 되었다. 운이 좋아서 성공했다는 식의 과거 이야기는 통하지 않는다. 유행하는 가게를 따라 만들었다가 금세 사라지는 경우가 대부분이다. 대형 브랜드의 공세 속에서도 자신만의 브랜드를 지키는 힘이 필요하다.

작은 브랜드가 성공하려면 고품질과 집중뿐이다. 핵심은 단순화다. 메뉴, 인테리어, 동선 등 불필요한 요소를 덜어내고 꼭 필요한 것에 집중해야 한다. 그 핵심을 반복해서 다듬고 최고의 수준으로 끌어올리는 것, 그것이 곧 경쟁력이다.

여기에 꼭 필요한 한 가지가 더 있다면, 그것은 차별화다. 남들과 다른 '단 하나의 무엇'이 있어야 한다. 그 작지만 독특한 무언가가 브랜드를 살리고, 살아남게 한다. 창조적인 생각이 없다면 결국 뻔한 결과를 피하기 어렵다.

브랜드 공동체

카페가 유명세를 타면서, 어떻게 하면 카페를 창업할 수 있는지, 또 만들어 줄 수 있는지에 대한 문의를 수없이 받게 되었다. 새로운 카페를 만들어 주는 일 자체는 분명 즐겁다. 하지만 매장이 많아질수록 회사 규모는 커지고, 그에 따라 유지비도 함께 늘어난다. 결국 회사를 유지하려면 창업 비용을 부풀리거나 재료를 강제로 공급해야 수익이 나고, 오픈 이후에는 관리비 명목의 로열티를 요구해야 하는 구조가 된다. 다시 말해, 프랜차이즈화되어야만 한다.

회사가 커질수록 일은 많아지고 일상은 사라지며, 카페를 만드는 일이 더는 즐겁지 않은 일이 되어버린다. 더구나 똑같은 스타일의 카페를 공장에서 찍어내듯 만드는 프랜차이즈 방식은 나에겐 전혀 맞지 않았다. 그래서 카페 만드는 일을 오래도록 즐겁게 지속하면서, 창업 희망자에게도 현실적인 도움을 줄 수 있는 방법이 없을까 고민하게 되었고, 그 결과로 나온 아이디어가 바로 '브랜드 공동체'다.

브랜드 공동체라는 개념은 거창하진 않지만, 17년차 카페

대표로서 일종의 재능기부 프로젝트라는 의미를 담고 있다. 나에게 카페를 만들어 달라고 찾아오는 이들 대부분은 하고자 하는 의지와 열망은 있지만 자본력이 부족한 사회 초년생들이었다. 자본은 부족하지만, 시작만 하면 정말 잘할 수 있을 것 같다는 이들을 위해, 최소한의 비용으로 카페를 시작할 수 있도록 돕는 것이 브랜드 공동체의 핵심이다.

가장 중요한 포인트는 초기 투자비용을 최소화하는 것이다. 인테리어에 큰 비용을 들이는 대신, 명확한 컨셉으로 극복하고, 하이엔드 머신이나 고가 장비 대신, 사용하는 데 불편이 없고 맛에 큰 영향을 주지 않는 중저가 장비를 활용하는 방식이다. 그렇게 하면 자금이 부족해도 충분히 매력 있는 카페를 시작할 수 있다.

플러스마이너스는 프랜차이즈가 아니다. 대신 공동 상호와 검증된 레시피를 공유하면서도, 인테리어와 운영 방식에는 자율성을 보장한다. 매출에 따른 로열티는 없고, 재료도 각자 구매하며, 메뉴와 가격도 자유롭게 설정할 수 있다. 앞으로도 강제보다 협력을 바탕으로 함께 성장하는 방식을 추구할 것이다.

스피커를 만들고, 파는 카페

누구에게나 간절히 갖고 싶은 무언가가 있다. 그런데 그런 것들은 대개 쉽게 허락되지 않는다. 쉽게 가질 수 있다면, 어쩌면 그것은 정말로 갖고 싶은 것이 아닐지도 모른다. 내 위시리스트 최상단에는 늘 스피커가 있었다.

그중에서도 전설로 불리는 벽걸이 오디오, 디터 람스Dieter Rams가 디자인한 TS45와 TG60은 오랫동안 내 로망이었다. 디터 람스는 독일 브라운Braun사의 디자인 부문을 이끌며, 현대 디자인 역사에 한 획을 그은 인물이다. 애플의 수석 디자이너 조너선 아이브는 "아이폰과 아이팟은 디터 람스의 디자인에서 영감을 받았다"고 밝힌 바 있고, 무인양품의 후카사와 나오토를 비롯해 많은 디자이너들이 그에게서 영향을 받았다.

그의 디자인 철학은 간결하다.

"Less, but better 더 적게, 그러나 더 나은"

바우하우스 운동에서 비롯된 이 철학은 오래 쓰고, 유용하

며, 쉽게 사용할 수 있는 디자인을 지향한다. 플러스마이너스 브랜드의 네이밍 역시 디터 람스에 대한 존경을 담았다.

"No More, No Less, Just Good."

다시 스피커 이야기로 돌아가자면, 나는 디터 람스의 TS45와 TG60을 매장 한가운데 걸어두고 소리를 틀어보는 상상을 수없이 했다. 그러나 꿈은 쉽게 이루어지지 않았다. 제품 가격도 높을뿐더러, 전 세계적으로도 희귀한 빈티지 오디오이기에 매물 자체를 찾아보기 어렵다. 그러면 그럴수록 갈증은 깊어졌다. 전시회에서 실물을 본 이후엔 그 열망이 더욱 커졌다. 그래서 결심했다. 구하지 못한다면, 만들기로. '±DESIGN'의 윤상호 대표와 함께 디터 람스의 디자인을 오마주한 '플러스마이너스 시그니처 스피커'를 직접 제작해보기로 했다. 스테인리스 소재의 질감, 아날로그 감성을 담은 우드, 레트로한 부품 하나하나까지 정성을 다해 완성한 윤상호 대표께 이 자리를 빌려 깊은 감사를 전한다.

플러스마이너스 시그니처 스피커는 블루투스 기반의 모듈형 벽걸이 스피커다. 총 4개의 박스 형태로 구성돼 가로나 세로로 자유롭게 조합이 가능하며, 무게가 가벼워 나사못만으로도 벽면 설치가 용이하다. 단순히 예쁘기만 한 오브제가 아니라, 고음과 저음을 나눠 뿜어내는 2개의 트위터가 있어 재즈부터 록까지 깊은 감동을 전해준다. 모델은 모듈형 'PLUS MINUS 1880'과 일체형 'PLUS MINUS 1100'이 있으며, 현재는 세로형 모델도 개발 중이다. 디자인 출원도 진행 중이며, 등록이 완료되면 더 많은 이들이 이 아름다운 스피커를 소장할 수 있도록 준비 중이다.

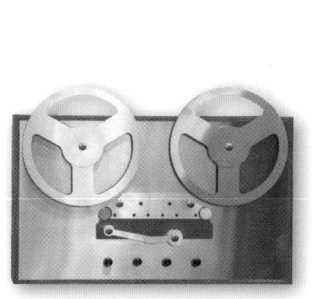

Epilogue
그리고 치앙마이

 카페에 하루 종일 앉아 있다 보면, 시간이 좀처럼 가지 않을 때가 있다. 특히 날씨가 좋은 날엔 더더욱 그렇다. 혼자 있는 걸 좋아하는 성향이지만 그런 날엔 괜히 기분이 가라앉는 걸 느낀다. 일터는 결국 일터일 뿐이다. 아무리 잘나가는 카페의 사장이라도 남의 카페에서 마시는 커피가 제일 맛있다는 말에 고개가 끄덕여질 때가 있다.

 플러스마이너스 밀크티를 기획하면서 가장 중요하게 생각한 건, 나를 위한 카페를 만드는 것이었다. 그중에서도 최우선은 일하는 시간이 짧아야 한다는 것, 그리고 일이 쉬워야 한다는 것이었다. "커피 만드는 게 뭐 어렵겠어?" 하고 말하는 사람도 있겠지만, 오피스 상권에서 카페를 직접 운영해본 사람이라면 안다. 점심 러시가 얼마나 숨 가쁘고, 커피·에이드·스무디 등 다양한 메뉴가 있을 때 얼마나 속도와의 전쟁이 벌어지는지 말이다.

플러스마이너스 밀크티의 영업시간은 계절과 평일, 주말에 따라 다소 유동적이지만, 내 실제 근무 시간은 하루 평균 6시간이다. 비수기인 겨울에는 오후 12시부터 5시까지, 주말은 오전 11시부터 오후 6시까지 짧게 일하고, 성수기인 봄·여름·가을에는 오전 10시에 오픈해 오후 7시까지 운영한다. 나는 오픈부터 오후 4시까지 일하고, 이후에는 파트타이머가 마감까지 맡는다. 메뉴가 간단하기 때문에 일 매출 60만 원 정도까지는 혼자서도 충분히 운영 가능하고, 주말처럼 매출이 300만 원까지 올라갈 경우엔 2명이면 충분, 그 이상일 경우에는 러시타임에 3명이 있어야 잠깐이라도 쉴 수 있다.

음식점과 달리 카페는 오픈 준비와 마감 시간이 짧고 간단하다. 플러스마이너스 밀크티는 오픈 전후 30분이면 모든 준비와 마무리가 가능하다. 오픈 준비와 마감 준비 시간이 짧다는 건 굉장히 중요하다. 음식점이나 베이커리처럼 영업 외 시간에도 정리와 준비에 몇 시간을 써야 하는 구조에서는 개인 시간이란 게 사실상 존재하기 어렵다. 플러스마이너스 밀크티는 레시피가 철저히 계량화되어 있고, 음료 종류도 단순하다. 누가 만들어도 맛의 편차가 거의 없고, 레시피를 익히고 숙련하는 데 시간도 오래 걸리지 않는다. 그래서 운영이 쉽고, 함께 일하는 사람들도 부담이 덜하다.

오후 4시가 되면, 나는 오토바이를 타고 산이나 들로 나간다. 바람을 느끼며 달릴 수도 있고, 모토캠핑을 갈 수도 있다. 아니면 그저 다른 카페에 들러 여유 있는 시간을 보낸다. 일터에 낭만은 없다. 그래서 나는 일터를 짧고 단순하고, 덜 피곤하게 만들기로 했다. 그게 플러스마이너스 밀크티가 지키고 싶은 운영 철학이다.

나의 인생은 치앙마이를 알기 전과 후로 인생을 나눈다고 해도 지나치지 않을 것이다. 큰 기대 없이 도착한 치앙마이는 내게 새로운 세계로 다가왔다. 그저 가난하고 커피 농장이 있는 태국 지방 도시로만 생각했던 치앙마이는 낮에는 항상 다채로운 행사들이 가득했고, 공원에는 현지인들과 여행자들이 한가롭게 요가하는 모습이 평화로웠으며, 볼거리가 가득한 야 시장은 축제 그 자체였고, 맥주 한캔으로 수준높은 재즈를 즐길 수 있는 재즈바가 도시 곳곳을 밝히고 있었다. 도시 자체가 카페이며, 카페 주인장들은 미친 감성의 소유자들이며, 한국의 카페들처럼 트렌드를 따라가는 획일적인 모습이 아닌 각자만의 개성을 표출하고 있음에 놀라지 않을 수 없었다.

동남아 그 흔한 바닷가도 없는 태국 북부의 도시 치앙마이는 전 세계 여행자의 성지이자 한 달 살기 가장 좋은 도시로 이미 유명세를 떨치고있다. 치앙마이를 한마디로 정의하자면 '감성의 도시'라고 말할 수 있겠다. 치앙마이 사람들, 그들의 조직 세포에는 감히 뭐라 설명하기 힘들고 따라하기 힘든 감성, 멋을 가지고 있다. 억지로 감성있는 척, 멋있는 척을 하는 게 아니라 그냥 생활 속에 배어있다.

치앙마이에는 꿈꾸는 삶이 존재했다. 색색의 꽃이 가득한 도심 속 정원 아래 초록초록한 잔디 위에서 요가 매트 한 장 깔고 요가하는 사람들. 수영장 한켠에 마샬 스피커에서 나오는 재즈 음악을 들으며 와인 한잔과 수영을 즐기는 사람들. 파란 하늘 아래 펼쳐진 주말 마켓에서 일상을 즐기는 사람들. 단돈 만원이면 아침, 점심, 저녁을 미슐랭으로 먹을 수 있는 미식의 도시. 이 거짓말 같은 곳이 존재하고 있다.

치앙마이는 커피의 도시이다. 한국은 요즘 세 집 건너 한 집이 카페라고 한다. 하지만 치앙마이는 두 집 건너 한곳이 카페라고 해도 과언이 아니다. 그도 그럴것이 인구 17만 명의 도시에 100만 명이 넘는 관광객들로 항시 넘쳐나니 말이다.

한국의 성수동, 강남이라고 불릴 수 있는 '님만헤민'이라는 곳에는 2017년 월드 라테아트 챔피언을 수상한 'Ristr8to'라는 카페가 있다. 아침부터 마감할 때까지 전 세계의 커피 애호가는 물론 힙한 사람들이 다 모이는 세계 최고 수준의 라떼를 맛볼 수 있는 커피의 성지이다. 그 밖에도 치앙마이에는 자기 색을 가진 매력적인 카페들이 즐비하다.

3평 작은 공간으로 시작해 지금은 커피 기업이 되어버린 그래프Graph 카페는 독특한 시그니처와 감각적인 인테리어로 유명하다. 치앙마이 원두를 활용한 로스팅으로 유명한 나의 최애 카페 옴니아Omnia 등 커피의 맛은 물론 인테리어, 세련되고 친절한 바리스타까지 커피를 좋아하는 사람들이라면 천국을 경험하게 될 것이다.

치앙마이 중심지에서 조금 떨어진 곳에 반캉왓Baan Kang Wat 이라는 예술 마을이 있다. 요즘은 치앙마이 여행을 검색하면 항상 떠오르는 명소로 자리 잡았다. 예술가들의 작업실, 전통과 현대를 절묘하게 섞은 감각적인 소품샵, 북바인딩샵, 타이 레스토랑, 신선한 과일로 만든 수제 아이스크림 가게 등이 촘촘히 뒤섞여 있지만 어느 것 하나 뒤처지거나 튀지 않으면서도 감각적인 마을을 이루고 있다.

치앙마이가 왜 '예술가의 도시'인지는 반캉왓을 비롯해 매년 12월에 열리는 2주간의 디자인 위크와 도시 곳곳에 있는 디자이너들의 소품샵, 디자인북 도서관, 찡짜이마켓Jing Jai Farmers Market에 가면 자연스럽게 이해할 수 있을 것이다.

치앙마이의 또 다른 이름은 미식가의 천국, 먹거리의 도시이다. 망고를 비롯해 패션후르츠 등 과일은 왠지 돈을 쓸 때마다 돈을 버는 느낌이라고나 할까. 산과 논과 들로 둘러싸인 이 도시의 싱싱하고 건강한 식재료는 치앙마이를 태국 안에서도 손꼽히는 미식 도시로 만들었다.

'로얄 프로젝트 샵Royal Project Shop'은 태국 왕실이 고산족의 아편 생산과 그로 인한 마약 중독 문제를 해결하기 위해 시작

な SAWASDEECRAF
ఓ BAANKANGWAT

~~NO ALCOHOL~~
NO SMOKING

한 로열 힐 트라이브 프로젝트 Royal Hill Tribe Project 중 하나로 치앙마이를 유기농 과일과 채소가 넘쳐나는 도시로 만든 성공한 프로젝트이다. 질 좋은 유기농 채소로 만든 팟타이, 카오팟, 쏨땀 같은 대중적인 타이 요리를 대부분의 레스토랑에서 저렴하게 맛볼 수 있다.

2020년부터 2024년까지 미슐랭 인증을 받은 '꾸아이짭 창머이 팟마이'라는 국수가게는 올드타운에 위치해 있는데 한국인 입맛에도 딱인 시원한 국물이 매력적인 국수가 100바트로 한화 4천 원 수준이다. 달걀, 쌀가루로 빚은 면과 튀긴 달걀면을 얹어 내는 란나식 커리 국수 카오쏘이 KhaoSoi 맛집도 시내 곳곳에서 찾을 수 있다.

수준 높은 브런치를 즐기고 싶다면 올드시티에 있는 'Kati Breakfast and Brunch'로 가라. 근사한 테라스에 앉아 최고 수준의 브런치를 만 원 이하의 놀라운 가격에 경험할 수 있다.

먹고 마시는게 지겨워지면 치앙마이의 젊은이들이 몰려드는 곳, 감각적인 샵과 레스토랑, 카페, 클럽 등이 몰려 있는 님만해민으로 가라. 복합 문화 공간 원 님만 One Nimman 을 중심으로 쇼핑, 예술, 문화, 미식 등 먹고 놀고 즐기는 데 필요한 모든 것들이 다 있다. 매주 특정 요일마다 요가, 스윙 댄스, 살사 댄스 클래스가 무료로 열리니 가난한 낭만 여행자에게도 즐거운 경험을 선사할 것이다.

플러스마이너스 밀크티의 인테리어 컨셉으로 고민하고 있을 때, 치앙마이 대학교 근처에 밀크티 가게를 하던 작고 허름한 노점 하나가 문득 떠올랐다. 그 노점은 허름하고, 메뉴도 특별하지 않지만, 나무합판으로 뚝딱뚝딱 직접 만든 우유갑 모양의 문이 내 시선을 사로잡았다. 너무 좋은 아이디어라는 생각에 언젠가 기회가 되면 꼭 응용해볼 참이었다. 그렇게 우유갑의 이미지가 플러스마이너스 밀크티의 메인 컨셉이 됐다.

밀크티라는 메뉴도 치앙마이에서 커피와 함께 매일 즐기던 평범한 메뉴 중 하나였다. 너무나도 흔하고 평범해서 큰 관심을 두고 있지 않다가 한국에 카페를 오픈하면서 치앙마이에서 팔던 인기 메뉴인 밀크티를 그대로 가져와 팔기 시작한 것이 6평 작은 카페가 18개점을 오픈하고 지금의 플러스마이너스 밀크티가 탄생한 배경이 되었다.

치앙마이에서 카페를 하면서 현지 밀크티를 배우고 연구할 수 있는 기회를 가지게 된 것을 지금 생각해보면 행운이라고 생각한다. 내가 파는 밀크티가 세상에서 가장 맛있는 밀크티는 아닐 수 있다, 하지만 흔히 경험하고 예상하는 평범한 국내 대부분 카페의 밀크티 맛이 아닌 색다른 경험을 선사할 것이다. 치앙마이를 느끼고 싶다면 우리 카페로 와서 밀크티를 마시면 된다.

세상에 전혀 새로운 것은 없다. 조금 다른 것이 있을 뿐이다. 새로운 무언가를 시작하고 싶거나 새로운 사업을 하고 싶다면 치앙마이로 떠나라. 어쩌면 당신의 인생을 바꿔 줄 수 있을지도 모른다.

Interview

성다솜 윤상호 송철호 서신초

INTERVIEW

1

성다솜
플러스마이너스 밀크티 안성점 대표

플러스마이너스 밀크티 손님에서
플러스마이너스 밀크티 사장님이 되셨다는데?

네, 맞아요. 아직 초보사장이지만 감회가 새롭네요.
제가 즐겨먹던 밀크티를 이제는 직접 만들어 판매하게 될 줄이야.
뭔가 신기한 기분이 들어요.
그 전에는 10평 남짓한 공간에서 디저트 카페를 운영했었는데요. 지금 다시 떠올려보니 저의 부끄러운 과거이자 잘못꿴 첫 단추같은 느낌이네요. 가게 인테리어를 지인에게 믿고 부탁했지만 사기를 당한 수준으로 처참한 결과가 나왔고, 자신감으로 시작했지만 실전으로 접어드니 실수 투성이었어요. 첫 1년은 그렇게 인테리어 재정비와 온갖 오류를 범하며 보냈죠. 그러다 초심으로 돌아가서 디저트를 배워 가게를 리뉴얼 했어요. 그 뒤로 매출도 오르고 단골손님도 증가했지만 디저트 재료의 40%가 넘는 높은 원가율에 부담을 느꼈고 주문량을 맞추기 위해 휴일도 없이 매일 새벽 1시가 넘어 퇴근하다보니 건강도 악화되어 가게는 잘되어갔지만 금전도 건강도 나아지는게 없어 밑빠진 독에 물을 붓는 기분이었어요. 그때와 비교하면 플러스마이너스 밀크티는 과장 조금 보태서 천국이 따로 없는 것 같아요. '열심히 하는게 잘하는 거다.'라고 생각했던

제 고정관념을 완전히 깬 카페에요. '잘하는게 잘하는거다.' 이 말이 가장 잘 어울리는 곳이 아닐까 싶어요.

지금의 장소에 오픈하게 된 이유가 있다면?

답변하기에 앞서 본점 사장님이 강조한 몇마디가 떠오르네요.
"가게는 코너형태이거나 가로로 길어야 합니다. 그래야 사람들 눈에 잘 띄어요."
"주변에 맛집이나 관광지가 있어야해요."
다시 답변으로 돌아가서 말씀드리면 안성에 온 계기는 결혼을 하고 남편을 따라 거처를 강원도 춘천에서 안성으로 옮기게 되었어요. 그러던 중 가족들이 놀러와서 맛집을 찾다가 한 쌈밥집을 가게된거죠. 겉보기에 평범해서 아무생각 없이 갔는데 웬걸. 평일이었는데도 불구하고 안에 사람들이 바글바글해서 웨이팅을 해도 못 먹는 로컬 맛집이었던거죠. 역시 배운게 도둑질이라고 '여기 앞에다 플러스마이너스 밀크티 하면 괜찮겠다.' 생각이 들었어요. 그런데 운명이었을까요? 한달 뒤에 그 맛집 바로 맞은편에 카페가 매물로 나오게 된 거예요! 심지어 코너형이라 고민도 없이 바로 본점 사장님이 계신 춘천으로 달려갔어요.

만약 나중에 또 카페를 오픈하신다면 어떤 장소, 어떤 컨셉으로?

플러스마이너스 밀크티처럼 '터프'한 날 것 그대로의 컨셉으로 가고 싶어요. 카운터에 젖소를 올리고 우유갑 모양을 간판으로 활용해서 우유의 신선한 이미지를 극대화 시킨 것 처럼요. 부모님께서 딸기농장을 하셔서 항상 농장 근처에 딸기가 가득한 카페를 만들어 보고 싶다는 생각을 하는데 이전에 생각한 건 귀엽고 딸기 디저트가 가득한 프랑스 스타일의 카페 이미지를 떠올렸다면 지금은 완전히 달라요. 이름을 '딸기 직판장'으로 짓고 간판도 직판장에 온 느낌으로 하고 싶어요. '직판장인가?' 싶어서 들어왔는데 안에 카페가 있으면 재밌고 신선한 기분이 들 것 같아서요.

플러스마이너스 밀크티 안성점 인테리어 컨셉이나 자랑하고 싶은게 있다면?

단연코 젖소죠! 젖소 빼면 시체에요. 젖소를 중심으로 돌아가는 카페예요. 젖소가 다해요. 손님들이 들어오면 '우와!' 를 외치게 해주는 저희 가게의 효자 직원이랍니다. 다른 카페들은 갔다 오면 유명 카페가 아닌 이상 인테리어를 어떻게 했는지 기억이 잘 안나기 마련인데 젖소는 절대 잊을 수없죠. 사람들의 기억에 남는건 정말 중요하니까요. 우린 그걸 해냅니다.

안성점은 어떤 공간이었으면 하나요?

이전에는 카페는 조용해야 하고 아늑해야 하며 예뻐야 한다는 생각을 했었는데 이제는 생각이 좀 바뀌었어요. 사람들이 와서 맘껏 떠들고 웃고 활기차면 좋겠어요. 날씨 좋은 날엔 문도 활짝 열어버리고 손님이 좋아하는 노래도 틀어주고요. 조금 시끄러우면 어떻고 아늑하지 않으면 어때요! 공간을 어렵게 만들지말고 쉽게 만들어야 사람들도 쉽게 들어오는거 아니겠나 하는 생각이에요.

앞으로 하고 싶은 일이나 꿈이 있다면?

저는 카페일이 천직 같아요. 제일 재밌게 느껴지고 성취감도 높아서요. 특히 사람에게서 에너지를 많이 느끼는 편이라 외향적인 저에게는 안성맞춤 직업이에요. 앞으로는 매장 하나에서 그치지 않고 앞에 말했던 '딸기 직판장'을 비롯해서 여러개의 가게를 운영해보고 싶고 플러스마이너스 밀크티라는 아이템이 너무 좋아서 우유의 이미지가 강한 국내 도시나 해외에 매장을 가져보고 싶어요. 예를 들면 '플러스마이너스 밀크티 대관령점', '플러스마이너스 밀크티 삿포로점' 말이에요. 왠지 너무 잘 어울리고 멋지지않나요? 아직 서툴고 배워야할 길이 구만리지만 언젠간 할 수 있다는 생각을 가지고 계속 꿈을 가지고 정진할 겁니다. 저에겐 든든한 사부님이 있으니까요!

INTERVIEW

2

윤상호
플러스마이너스 디자인 대표

플러스마이너스와의 인연은?

플러스마이너스의 이전 카페 브랜드인 NORITER 춘천점을 같이 작업하면서 처음 일을 하게 되었습니다. 다락방 컨셉 카페였는데 기성 카페와는 완전히 컨셉부터 타깃이 달랐던 점이 흥미를 유발했고 즐겁게 작업했던 기억이 납니다. 그때의 인연으로 청주, 전주, 부산, 거제도 등 전국을 누비며 같이 많은 작업들을 했습니다. 김득상 대표가 만드는 카페의 경우 독특하고 창의적인 작업들을 할 수 있는 기회가 많아 디자이너로서 새로운 아이디어를 접목하고 도전해볼 수 있어 좋습니다.

플러스마이너스 디자인이 하는 일은?

플러스마이너스 디자인은 주택, 펜션, 병원 등의 건축에서부터 인테리어, 조형물 작업까지 디자인에 관한 A~Z를 하는 디자인 전문 회사입니다. 플러스마이너스 밀크티를 전국을 넘어 전 세계에 만들어 보고 싶습니다. 얼마 전에 안성점을 작업하였고, 문의가 쇄도하고 있으니 꿈이 곧 현실이 되리라 믿습니다.

플러스마이너스 밀크티 매장을 만드는데 가장 힘들었거나, 기억에 남는 작업이 있다면?

워낙 독특한 컨셉이라 다 쉽지 않은 작업이었지만, 카운터 전체를 테라리움으로 만들고 싶다는 김득상 대표의 아이디어를 현실로 옮기는게 쉬운 작업은 아니었습니다. 철 소재로 구조를 짠 후 방수 작업을 하고 그 위를 테라리움으로 꾸미는 작업이 쉬운 작업은 아니었습니다. 하지만 많은 손님들이 관심을 보여주시는 것을 보는 지금은 흐뭇합니다. 카페 앞에 있는 대형 우유갑 조형물 2개는 워낙 크기가 크고 무게가 무거워 크레인을 불러 겨우겨우 세우고 혹시나 모를 안전사고를 방지하기 위해 바닥을 철 구조물과 시멘트로 고정시키는 작업이 꽤 오래 걸리고 힘든 작업이었습니다. 그리고 가장 애착이 가는 작업물은 역시 CNC작업을 통해 탄생한 세상에 단 하나 밖에 없는 SPEAKER DOOR입니다. 구상부터 실제 작업까지 가장 고민을 많이한 결과물이지만 아주 만족합니다.

많은 작업물 중 CNC를 적용한 부분이 많다고 하시는데 CNC란?

예전에는 무언가를 만들 때 기술자가 손으로 하나하나 깎아 만드는 것이 일반적이었지만, 요즘은 CNC를 활용하여 작업합니다. CNC Computerized Numerical Control 기계란 컴퓨터에 의해 정확한 수치로 절삭공구의 움직임을 자동으로 제어하는 기계로, 안전하고 쉽게 목공제품을 만들 수 있습니다. CNC가공은 다양한 산업에서 사용되며, 자동차, 항공, 의료, 건설 등 다양한 분야에서 활용됩니다. 간단하게 말해 원자재를 깎아서 우리가 원하는 제품이나 부품을 만들어 내는 것입니다. 플러스마이너스 밀크티에 적용된 스피커, 우유갑, 젖소 모형 등이 다 CNC로 작업된 결과물들입니다.

플러스마이너스 스피커를 직접 디자인하고 제작하셨다는데?

제 작업 현장에 스피커를 만들어 적용하는 것을 김대표가 보고 플러스마이너스 밀크티도 자신의 매장에만 있는 시그니처 스피커를 만들어 보고 싶다고 했습니다. 그렇게 함께 아이디어를 내서 디자인하고 시행착오를 거쳐 지금의 스피커를 만들게 되었습니다. 벽걸이 모듈 가로형 PLUSMINUS 1880, 벽걸이 일체형 PLUSMINUS 1100을 시작으로 다양한 제품들을 만들어 자신만의 유니크한 스피커, 단순한 스피커 이상의 오브제를 찾는 니즈를 만족시킬 수 있는 작품으로 발전시켜 나가려고 합니다.

개인적인 꿈이 있다면?

스피커를 만들면서 스피커의 디자인과 스피커라는 제품에 흥미를 갖게 되었습니다. 이를 제 직업인 건축과 디자인에 접목시켜 세상에 하나 밖에 없는 스피커 모양을 한 건축물을 만들고 싶은게 마지막 꿈입니다. 플러스마이너스 밀크티에 만든 스피커 도어처럼, 스피커를 쌓은 모양의 건물을 만들어보고 싶습니다. 그 안에서 생활하고 음악을 들으며 즐겁게 작업하고 싶은게 꿈입니다.

INTERVIEW

3

송철호
엘리시안 강촌 리조트(골프팀) 부장

어떤 일을 하시나요?

춘천시 남산면 백양리에 위치한 엘리시안 강촌리조트에서 근무하고 있습니다. 2002년 3월 엘리시안 강촌리조트에 입사하여 18년간 식음팀에서 근무를 하였습니다. 2019년부터는 골프팀에서 팀장으로 근무하면서 골프고객 접점서비스, VIP의전 서비스, 골프 예약 관리, 회원권 분양, 회원 관리, 경기 운영 관리, CS 사내 강사 업무 등을 하고 있습니다.

플러스마이너스 밀크티에 대한 인상을 짧게 표현한다면?

태국 치앙마이에서 공수한 홍차와 강원도에서 생산된 우유를 사용하여 깊고 진한 밀크티 본연에 맛을 느낄 수 있는 플러스마이너스 밀크티! 특히나 올해 3번째 치앙마이 여행을 다녀온 아내는 플러스마이너스 밀크티를 마실 때면 이른 아침 숲속 빵 시장 풀밭에 앉아 버스킹을 들으며 마시던 밀크티가 생각나게 해주는 맛이라고 합니다.

가족과 방문한 플러스마이너스 밀크티에서, 우연히 치앙마이에 대한 이야기를 나누다가 숲속 빵 시장이 시작되었다는데?

2024년 봄, 집 가까이 플러스마이너스 커피가 오픈하여 가족과 처음 방문했을 때 김득상 대표님을 만난 기억이 납니다. 저는 밀크티 강원도 판매 1위라는 마케팅 글귀에 호기심으로 주문했고 아내와 딸은 커피와 음료를 주문했어요. 점심시간이 지나서인지 카페에는 우리 가족만 자리하여 담소를 나누고 있었습니다. 저는 밀크티 맛에 "이야! 향도 깊고 부드러운데..." 감탄을 하던 중에 딸이 벽걸이 액자를 보며 "어! 치앙마이 올드타운지도네!" 그때부터 치앙마이 이야기가 시작되었습니다. 학생 때 3개월 정도 치앙마이 여행을 다녀온 딸과 두 번 치앙마이 여행을 다녀온 아내는 치앙마이 지도 한 장에 공감대를 가지고 이야기꽃을 피웠습니다. 그때 김득상 대표님도 치앙마이 반캉왓에서 카페를 운영 하시던 스토리로 자리에 동참하셨고, 치앙마이의 올드타운과 선데이마켓 이야기, 예술가들이 모여 있는 반캉왓 이야기를 나누게 되었습니다.

그러던 중 나나정글 빵 시장 이야기가 나왔습니다. 제 아내와 아이도 마침 나나정글 빵 시장을 다녀왔던 경험이 있어 즐겁게 이야기를 나눴습니다. 작은 빵 시장으로 시작해서 유명한 관광지가 됐고, 숲속에서 열리는 작은 공연과 매주 토요일 이른 아침에 열리는 플리마켓에 대한 이야기들이 오고갔습니다. 김득상 대표님은 치앙마이처럼 자연이 아름답고 예술이 있는 도시, 춘천에서 숲속 빵 시장을 기획하고자 시간 날 때마다 서신초 원장님과 오토바이를 타고 찾아다니셨는데, 최근에 마음에 딱 드는 곳을 찾으셨다고 기뻐하셨습니다. 저도 궁금해서 대표님께 그곳이 어디인지 물으니, "엘리시안 강촌이요"라고 답하셨고, 순간 깜짝 놀라며 저도 모르게 명함을 꺼내 전해드렸습니다. 참 신기한 우연이었습니다.

저는 대표님의 빵 시장에 대한 열정을 바로 다음날 회사에 보고드리고 일주일 뒤 미팅을 잡게 되었습니다. 엘리시안 리조트에 있는 카페에서 본부장님과 미팅을 한 날, 서두를 들으시던 본부장님은 대표님의 아이템에 크게 감동하여 10분 후에 있을 팀장회의에서 빵 시장에 관한 브리핑을 부탁하셨습니다. 대표님은 당황스러운 상황이었을텐데도 차분히 브리핑을 끝냈고, 일사천리로 숲속 빵 시장 개최 결정 후 대표님과 엘리시안 임직원 모두의 노력으로 같은 해 10월 13일, 첫번째 엘리시안 숲속 빵 시장을 개최할 수 있게 되었고, 수많은 방문객이 다녀가며 성황리에 행사를 마무리했습니다.

엘리시안 강촌의 숲속 빵 시장은 어떤 행사인가요?

엘리시안 강촌이 주관, 주최하고 춘천시, 강원관광재단, 대한제과협회 강원지회 등이 후원하는 행사로 소상공인 제과 사장님들과 지역 제과업체들이 함께 진행하는 숲속 빵 시장입니다. 엘리시안 리조트 캠핑파크는 아름다운 자연 속에 자리한 넓은 공간으로 숲속 빵 시장에 딱 맞는 장소이며 가족 단위 방문객이 함께 즐길 수 있는 공연과 이벤트도 열립니다. 숲속 빵 시장은 강원도의 유명 베이커리들이 모이는 자리인 만큼 축제를 통해 평소 접할 수 없었던 다양한 빵들을 자연에서 맛볼 수 있습니다.

숲속 빵 시장의 앞으로의 계획은?

앞으로 지역 경기 활성화를 위해 봄과 가을에 개최해 전국 규모 행사로 확대해 나가고 기업의 ESG(환경, 사회, 지배구조) 경영도 강화해 나가겠습니다. 엘리시안 리조트는 경춘선 전철(백양리역)에서 바로 연결되고, 셔틀버스도 운행해 교통 접근성이 편리한 만큼 방문객의 많은 참여가 이루어집니다. 도심이 아닌 비도심에서 지역주민, 소상공인의 협업으로 많은 방문객이 찾는 숲속 빵 시장을 지속 운영하겠습니다.

INTERVIEW

4

서신초
대한의사협회 총무이사 / 안과전문의

플러스마이너스 단골이시라는데 계기와 이유가 있다면?

플러스마이너스 커피가 병원 근처에 처음 생겼을 때부터 단골이 되었습니다. 의사라는 직업상 병원 안에서 대부분의 시간을 보내고 이른 아침부터 환자들을 진료하다보면 정신없이 시간이 갑니다. 점심식사 후에 병원 밖에서 마시는 커피 한 잔이 모든 직장인들이 그렇겠지만 잠시라도 숨통을 트이게합니다. 플러스마이너스 커피는 물론 커피맛도 좋고 춘천에서 경험해보지 못한 시그니처 커피도 좋았지만, 손님들로 북적이는 가운데서도 잠깐잠깐 나누는 사장님과의 스몰토크가 좋았습니다. 매번 다른 주제지만 여행, 오토바이, 음악 이야기 등 이야기를 나누다보면 일상에서 잠시 벗어난 듯한 느낌이 좋아서 매일 가는 단골이 되어버렸네요.

단골에서 친구가 되고 같이 여행을 다니신다는데

어느 날 사장님이 며칠 뒤 치앙마이에 가느라 얼마 동안 카페를 비운다는 얘기를 들었습니다. 덥썩 "나도 같이 가도되나요?"라고 물었고, 그렇게 계획에 없던 치앙마이 여행을 함께 가게 되었습니다. 어느덧 3년째 매년 치앙마이를 같이 여행하고 있는데요, 매년 같은 곳으로 여행을 간다는 게 이상하게 보일 수도 있지만, 치앙마이는 그만큼 매력적인 곳입니다. 저희처럼 현지인들과 부대끼며 머물러본다면 왜 매년 방문하게 되는지 알게 될 거예요.

시간을 보내는 취미가 있다면 무엇일까요?

날씨가 좋은 날에는 오토바이를 탑니다. 춘천은 도심을 조금만 벗어나면 강과 산의 자연경관이 뛰어나 라이딩하는 사람들에게는 최고의 도시입니다. 오토바이를 타고 도심 외곽으로 가서 커피 한잔하면서 멍하니 하늘을 보다 오면 또 일주일을 환자들에게 집중할 수 있는 힘을 얻게 됩니다.

지금은 특별하게 하고 계신 일이 있다는데, 운명의 장난인가요?

전혀 예상하지 못했던 일이 제 인생에 펼쳐졌습니다. 지역 의사회에서 활동하던 중, 제가 존경하고 따르던 분께서 대한의사협회 회장 선거에 출마하셨고, 마침내 당선되셨습니다. 그리고 함께 힘을 모아보자는 김택우 회장님의 요청에 따라, 저는 본업을 잠시 내려놓고 대한의사협회 총무이사로 일하고 있습니다.

아시다시피, 지금 의료계는 그 어느 때보다 큰 혼란과 위기 속에 있습니다. 의대 정원 확대 문제로 촉발된 갈등은 단순한 숫자의 문제가 아니라, 대한민국 의료의 근간과 미래 방향을 결정하는 중대한 사안입니다. 그 중심에서, 하루하루 긴장 속에 치열하게 고민하고, 대화하고, 때로는 절박한 마음으로 설득하며 지내고 있습니다. 특히, 1년 넘게 사직과 휴학이라는 극단적인 선택을 할 수밖에 없었던 의대생들과 전공의들의 마음을 떠올리면, 단 하루도 마음이 편할 날이 없습니다. 그들의 아픔과 희생이 헛되지 않도록, 의료계 선배로서, 그리고 이 사회의 한 구성원으로서 작은 힘이라도 보태고 싶다는 마음으로 이 자리에 서 있습니다.

물론, 쉬운 결정은 아니었습니다. 가족들과 잠시 떨어져야 하는 미안함, 진료실에서 제 손길을 기다리던 환자분들께 드리는 죄송함, 그리고 오랜 시간 저만의 작은 쉼표였던 플러스마이너스 밀크티와의 이별까지…. 익숙하고 소중한 일상들을 뒤로하고 새로운 자리에서 무거운 책임을 마주한다는 게 결코 가벼운 일이 아니었습니다.

하지만 누군가는 해야 할 일이고, 누군가는 그 자리를 지켜야 하기에, 저는 오늘도 제 자리에서 최선을 다해 목소리를 내고 있습니다.

작은 바람이 있다면, 이 책이 세상의 빛을 볼 즈음에는 지금의 혼란과 아픔이 조금은 가라앉아, 각자의 자리에서 환하게 웃을 수 있는 날이 오기를 진심으로 바랍니다. 우리 의료계의 젊은 후배들이 다시 교정과 병원으로 돌아가 자신의 꿈을 이어가고, 환자분들께는 더 나은 진료 환경과 건강한 미래가 펼쳐지기를 간절히 바랍니다. 그 길 끝에서, 저 또한 제 자리로 돌아가, 다시 환자분들을 만나고, 소소한 일상 속에서 작은 기쁨들을 찾을 수 있기를 꿈꿔봅니다.